T0162890

# ΟΙ ΓΑΛΛΟΙ ΤΑΞΙΔΙΩΤΕΣ ΣΤΟ ΑΡΓΟΣ

ÉCOLE FRANÇAISE D'ATHÈNES

SITES ET MONUMENTS XII

# ΟΙ ΓΑΛΛΟΙ ΤΑΞΙΔΙΩΤΕΣ ΣΤΟ ΑΡΓΟΣ

του

**Michel SÈVE**

Μετάφραση

**Άννα ΦΙΛΙΠΠΑ-TOUCHAIS**
**Βάννα ΧΑΤΖΗΜΙΧΑΛΗ**
**Ελισάβετ ΧΡΥΣΙΚΟΠΟΥΛΟΥ**

ÉCOLE FRANÇAISE D'ATHÈNES
6, rue Didotou, 106 80 ATHÈNES
*Dépositaire :*
DIFFUSION DE BOCCARD
11, rue de Médicis, 75006 PARIS

ISBN 2-86958-064-9

# ΠΡΟΛΟΓΟΣ

Ο Michel Sève πραγματοποίησε μια σημαντική μελέτη για τους *Ταξιδιώτες στο Άργος, 16ος - 19ος αι.* (*Voyageurs à Argos, XVI^e-XIX^e s.*) (Mémoire présenté à l'Académie des Inscriptions et Belles-Lettres, 1979)· αντίγραφο της μελέτης αυτής, που αποτελεί συλλογή όλων των μαρτυριών (κείμενα, χάρτες, σχέδια), βρίσκεται στη Γαλλική Αρχαιολογική Σχολή Αθηνών. Στο έργο αυτό αλλά και στο τεύχος που δημοσιεύουμε σήμερα, ο συγγραφέας σταματάει την έρευνά του στις πρώτες αρχαιολογικές ανασκαφές του W. Vollgraff, δηλαδή στις αρχές του 20ου αι. Μήπως αυτό σημαίνει ότι δεν περνούσαν πια ταξιδιώτες από το Άργος, ή ότι η αφήγηση τους δεν είχε ενδιαφέρον; Αναμφίβολα όχι. Ωστόσο, η εμφάνιση της επιστημονικής αρχαιολογίας άλλαξε εντελώς τη σχέση με τα μνημεία· οι ταξιδιωτικές αφηγήσεις, όσο ενδιαφέρον κι αν παρουσίαζαν, έδωσαν τη σκυτάλη στο επιστημονικό άρθρο. Με τις ανασκαφές κυρίως, ο αρχαιολόγος μονοπώλησε την ανακάλυψη αρχαίων μνημείων· ο ταξιδιώτης ανήκε έκτοτε στη σφαίρα του τουρισμού και αποχώρησε οριστικά από αυτήν της επιστήμης. Η ρήξη λοιπόν είναι απόλυτα δικαιολογημένη.

Η επιλογή των μαρτυριών, που περιορίζεται στους Γάλλους ταξιδιώτες, θα μπορούσε να ξαφνιάσει : οι Γάλλοι δεν είναι οι μόνοι που πέρασαν από το Άργος ούτε, απαραίτητα, οι πιο οξυδερκείς στις παρατηρήσεις τους για τα αρχαία μνημεία. Ο Michel Sève στο σημείο αυτό έπρεπε ν'ανταποκριθεί στις απαιτήσεις μιας παραγγελίας. Του ζήτησα πράγματι να συντάξει αυτό το τεύχος με την ευκαιρία μιας έκθεσης για τα διακόσια χρόνια φιλίας ανάμεσα στη Γαλλία και το Άργος (Άργος, Μάιος 1993). Η έκθεση, που χρηματοδοτήθηκε από κοινού από τη Γαλλική Αρχαιολογική Σχολή και το Δήμο Άργους, παρουσιάστηκε κατά τις εορταστικές εκδηλώσεις για την αδελφοποίηση Άργους και Abbeville· έτσι εξηγείται γιατί μνημονεύονται μόνο οι Γάλλοι ταξιδιώτες. Παράλληλα, αυτό το κείμενο συντάχθηκε ως κατάλογος έκθεσης· για το λόγο αυτό, τη γενική εισαγωγή ακολουθεί η παρουσίαση μιας σειράς τεκμηρίων.

Δίνεται λοιπόν στον αναγνώστη μια σωστή ιδέα σχετικά με το τριπλό ενδιαφέρον που παρουσιάζει η έρευνα για τους ταξιδιώτες : αφορά την προϊστορία της επιστήμης της αρχαιολογίας, επιτρέπει τη συλλογή μαρτυριών για την παλαιότερη κατάσταση των μνημείων του Άργους και αποκαλύπτει τη στάση των προηγουμένων αιώνων απέναντι στις αρχαιότητες της Ελλάδας.

Επωφελούμαι επίσης της ευκαιρίας να εκφράσω ευχαριστίες προς την A. Pariente, η οποία όχι μόνο πραγματοποίησε την έκθεση με επιτυχία, αλλά ετοίμασε επίσης τη μακέτα αυτού του τεύχους.

Roland Étienne
Διευθυντής της
Γαλλικής Αρχαιολογικής Σχολής Αθηνών

# ΤΑΞΙΔΙΑ ΚΑΙ ΤΑΞΙΔΙΩΤΕΣ

Η κίνηση για τη «νέα ανακάλυψη» της Ελλάδας, που ξεκινάει από τα τέλη του Μεσαίωνα, είναι αποτέλεσμα ενός γενικότερου ρεύματος για τη «νέα ανακάλυψη» της Αρχαιότητας, μέσω του λεγόμενου Ουμανισμού και της Αναγέννησης. Ο πρώτος ταξιδιώτης της πρωτοπόρου αυτής εποχής είναι ο περίφημος Κυριάκος ο Αγκωνίτης (1392 περίπου - 1452), ο οποίος ταξίδευε κυρίως για υποθέσεις του, εύρισκε όμως την ευκαιρία να ικανοποιήσει την περιέργειά του ως συλλέκτης αρχαιοτήτων. Αν και επισκέφθηκε ολόκληρο σχεδόν τον ελληνικό κόσμο, δεν φαίνεται να πέρασε από το Άργος. Ταξίδεψε στην Αργολίδα στα 1448, αλλά διέσχισε πιθανότατα τον κόλπο του Ναυπλίου δια θαλάσσης. Από το Άργος θα πρέπει να είδε το περίγραμμα της Λάρισας, από μακρυά. Τον επόμενο αιώνα, αν και τα ταξίδια γίνονται συχνότερα, το Άργος δεν μνημονεύεται παρά μόνο μια φορά :

**1.** Γύρω στα 1550, ο Jean CHESNEAU, γραμματέας του M. d'Aramon, πρέσβυ του Βασιλέως στην Ανατολή, αναφέρει το Άργος σημειώνοντας μόνο τη μικρή έκταση της πόλης και τον ερημωμένο τόπο.

*Le voyage de Monsieur d'Aramon, ambassadeur pour le Roy en Levant, escript par noble homme Jean* CHESNEAU, *l'un des secrétaires dudit seigneur ambassadeur, publié et annoté par* Ch. Schefer, Paris (1897), σελ. 158-159.

Γιατί αυτή η σιωπή, όταν υπάρχουν ήδη τόσες ενδιαφέρουσες και σημαντικές αφηγήσεις για άλλες περιοχές του ελληνικού κόσμου ; Είναι επειδή το Άργος βρίσκεται εκτός των συνηθισμένων δρόμων και διαδρομών της εποχής. Δεν είναι λιμάνι · επιπλέον, είτε πηγαίνει κανείς στην Κωνσταντινούπολη (η συχνότερη αιτία ταξιδιού) ή στην Ιερουσαλήμ (το προσκύνημα είναι επίσης ένας συνηθισμένος λόγος μετακίνησης), ο δρόμος δεν περνάει από εκεί. Για να πάει κανείς στο Άργος ή στην Πελοπόννησο πρέπει να το θέλει, να έχει επομένως ένα συγκεκριμένο σκοπό. Κανείς δεν φαίνεται να είχε τέτοιο λόγο πριν από τα μέσα του 17ου αιώνα. Οι πρώτες γνωστές περιγραφές για το Άργος ανήκουν στον τούρκο ταξιδιώτη Evliyâ Çelebi (1611-1684), που πέρασε από το Άργος στα 1668 και, την επόμενη χρονιά, στο γάλλο περιηγητή M. de Monceaux. Δεν είναι γνωστός ο λόγος των ταξιδιών του M. de Monceaux σε αρκετές περιοχές της Ανατολής από το 1667 έως το 1669. Γνωρίζουμε ότι επισκέφθηκε την Αίγυπτο, την Αραβία, τους Αγίους Τόπους και ότι βρισκόταν στο Χαλέπι τον Ιούνιο του 1668. Με την ευκαιρία αυτή ο Colbert, περίφημος υπουργός του βασιλέως Λουδοβίκου ΙΔ', του ανέθεσε να αγοράσει μετάλλια και χειρόγραφα για τη Βασιλική Βιβλιοθήκη : το πάθος του συλλέκτη θα είναι, το 17ο και 18ο αι., μια σοβαρή αιτία ταξιδιού στις περιοχές αυτές.

**2.** Τέλη Ιουνίου του 1669, M. DE MONCEAUX, θησαυροφύλακας του Κράτους στην Caen. Το κείμενό του είναι πλούσιο σε πληροφορίες :

«Το 'Αργος δεν είναι πια παρά ένα χωριό τριακοσίων περίπου σπιτιών, που κτίστηκαν από τα ερείπια των ανακτόρων των Αργείων, με κίονες, ζωφόρους και επιστύλια από μάρμαρο αντί για πέτρες. Το κάστρο βρίσκεται πολύ ψηλά. Στο δρόμο συναντά κανείς το ναό του Απόλλωνα Δειραδιώτη [πρόκειται για το νυμφαίο της Λάρισας]. 'Ηταν κτισμένο από πλίνθους με ένθετα μάρμαρα και κατέληγε κυκλικά. Στο βάθος υπάρχει μια μεγάλη κόγχη, πάνω από ένα βωμό. Στην κόγχη αυτή διακρίνεται μια οπή. Ανέβηκα και είδα ότι αντιστοιχούσε σε ένα μικρό διάδρομο λαξευμένο στο βράχο, πάνω στον οποίο ακουμπά ο ναός. Ο διάδρομος αυτός έχει πλάτος 2 1/2 πόδια και 15 μήκος· ο ναός έχει 16 πόδια πλάτος και 26 βάθος, ενώ ήταν ανοικτός από μπροστά. Ανέβαινε κανείς από πολλά επίπεδα, με ένα πλάτωμα ή άνδηρο, το οποίο ήταν ίσως διακοσμημένο με κίονες που εξείχαν στη δεξιά γωνία. Στο άνδηρο αυτό ανακάλυψα ένα μικρό ανάγλυφο πολύ φθαρμένο, του οποίου είχαν σκόπιμα καταστρέψει τα κεφάλια. Διακρίνεται μια μορφή καθισμένη πάνω σε θρόνο ή κάθισμα και πίσω μια άλλη πάνω σε τρίποδο.

Δεν διακρίνονται τα ερείπια του ναού της Αθηνάς ούτε και εκείνα του σταδίου, το οποίο, από τη μια πλευρά, άγγιζε τους πρόποδες του βουνού. Προχωρώντας προς τα βόρεια συναντάμε, ψηλά και στο μέσον του λόφου, τα ερείπια αρκετών σπιτιών κτισμένων από κατεδαφίσεις πολλών αρχαίων οικοδομημάτων. Τα τείχη του κάστρου είναι όλα από μια πέτρα εξίσου όμορφη με το μάρμαρο· και επειδή η εγχώρια είναι γκρίζα θα πρέπει μάλλον να προέρχεται από αρχαία λείψανα.

Το κάστρο βρίσκεται πάνω σε ένα βράχο που ξεπροβάλλει από μια ράχη, η οποία δεν το δεσπόζει. Στους πρόποδες του βουνού, 200 περίπου βήματα προς τα νότια, βρίσκεται το αμφιθέατρο, αλλά ερειπωμένο· δεν απομένουν παρά οι λαξευμένες βαθμίδες στο βράχο, πάνω στις οποίες εδράζονταν τα σκαλοπάτια από λευκή πέτρα. Μια λιθοβολιά αριστερότερα βρίσκεται ένας μεγάλος ναός, από τον οποίο δεν σώζεται ούτε ένα αρχιτεκτονικό μέλος. Διακρίνεται μόνο ένα πλινθόκτιστο κτίσμα, δύο τοίχοι και το βάθος που κατέληγε σε ημισέληνο και εξωτερικά σε αέτωμα. Φαίνεται ότι πρέπει να ήταν ο ναός της Αφροδίτης, τον οποίο ο Παυσανίας τοποθετεί κοντά στο θέατρο [πρόκειται στην πραγματικότητα για τις θέρμες]. Στα ανατολικά του ναού αυτού βρίσκεται ένας μεγάλος χώρος γεμάτος τάφους. Αριστερά, προχωρώντας προς τα βουνά της Λακωνίας, υπάρχουν και άλλα ερείπια, αλλά δεν διακρίνεται καμία επιγραφή. Διακόσια περίπου βήματα ανατολικά του αμφιθεάτρου, διασχίζοντας το νεκροταφείο, συναντάμε ένα θόλο με ύψος δώδεκα πόδια, που στηρίζεται πάνω σε έξη κολόνες από λευκό μάρμαρο και θα μπορούσε να είναι μια αψίδα θριάμβου. Εκεί κοντά υπάρχουν πηγάδια, κατάλοιπα ίσως από εκείνα των Δαναΐδων».

*Voyages de Corneille* LE BRUYN *par la Moscovie, en Perse et aux Indes orientales... avec... l'extrait d'un voyage de M.* DES MOUCEAUX *qui n'avait point encore été imprimé.* A La Haye, chez P. Gosse et J. Neaulme, MDCCXXXII, τόμος V, σελ. 474-477. Γράμμα του M. DE MONCEAUX δημοσιευμένο από τον H. OMONT, *Missions historiques françaises en Orient aux XVII*[e] *et XVIII*[e] *siècles.* Paris (1902), σελ. 1195-1200.

Η επίσκεψη του M. de Monceaux είναι μια ευτυχής συγκυρία· δεν ήταν προγραμματισμένη. Είναι χαρακτηριστικό ότι ο μαρκήσιος de Nointel, πρέσβυς στην Κωνσταντινούπολη που επισκέφθηκε την Αθήνα μερικά χρόνια αργότερα, δεν έφθασε μέχρι την Πελοπόννησο.

Αφορμή για ταξίδια στη βορειοανατολική Πελοπόννησο θα δώσει λίγο αργότερα η Δημοκρατία της Βενετίας. Πράγματι, από το 1686 (το Ναύπλιο πολιορκείται και κυριεύεται τον Ιούλιο-Αύγουστο της ίδιας χρονιάς) έως το 1715, καταλαμβάνει την Πελοπόννησο — το Μοριά, όπως έλεγαν τότε, με πρωτεύουσα το Ναύπλιο. Πολλοί από τους στρατιώτες της, ενετοί ή ξένοι, δημοσίευσαν ταξιδιωτικές αναμνήσεις· ανάμεσά τους ένας Γάλλος για τον οποίο δεν γνωρίζουμε πολλά :

**3.** 1691 ή λίγο αργότερα, ο MIRABAL, γάλλος αξιωματικός «γεννημένος στις όχθες του Γαρούνα», εγκατέλειψε το βασίλειο στα 1691 για να μπει στην υπηρεσία της Δημοκρατίας της Βενετίας.

«Όταν έφθασα στο Άργος βρήκα ότι δεν ήταν παρά ένα μεγάλο ερειπωμένο χωριό, με ελάχιστα αρχαία λείψανα. Φαινόταν ακόμα μια πύλη που την αποτελούσαν δύο τόξα τοποθετημένα σταυρωτά, σχηματίζοντας τέσσερα ανοίγματα· το ένα ήταν πιθανότατα η έξοδος της πόλης, ενώ τα άλλα τρία η αρχή τριών δρόμων. Υπάρχουν τα λείψανα ενός ναού της Ήρας [οι θέρμες ;] καθώς και ενός κολοσσαίου, πολύ λιγότερο επιβλητικού από εκείνο της Ρώμης, αν και είναι λαξευμένο στο βράχο και όλο το έργο φαίνεται φυσικό».

*Voyage d'Italie et de Grèce, avec une dissertation sur les bizarreries des opinions des hommes.* Paris, chez Jean Guignard (1698), σελ. 60-63.

Η εκστρατεία του 1715, κατά την οποία οι Τούρκοι επανακτούν το Μοριά, δίνει σε έναν άλλο Γάλλο την ευκαιρία να περάσει από το Άργος :

**4.** 10 Ιουλίου 1715, ο Benjamin BRUE, διερμηνέας της γαλλικής Πρεσβείας στην Κωνσταντινούπολη, συνόδευε τον οθωμανικό στρατό στην εκστρατεία του εναντίον των Ενετών. Στο Άργος βλέπει κυρίως το κάστρο και τα ερείπια των τειχών.

*Journal de la campagne que le grand Vesir Ali Pacha a faite en 1715 pour la conquête de la Morée.* Paris, Ernest Thorin (1870), σελ. 22-23.

Στο πρώτο μισό του 18ου αι. το Άργος θα είχε ξεχαστεί αν δεν υπήρχαν δύο γάλλοι επισκέπτες :

**5.** Ανάμεσα στα 1718 και 1721, ο M. DE PELLEGRIN δεν αναφέρει παρά την καλή κατάσταση του κάστρου και το μικρό μέγεθος της πόλης.

*Relation du voyage du sieur* DE PELLEGRIN *dans le royaume de la Morée, ou Recueil historique de ce qui s'est passé de plus remarquable dans ce royaume depuis la conquête que les Turcs en ont fait sur les Vénitiens.* A Marseille, chez Jean-Baptiste Roy (1722), σελ. 47.

**6.** Φθινόπωρο του 1729, ο Michel FOURMONT (1690-1746) ταξίδευε με τον ανεψιό του Claude-Louis Fourmont με σκοπό να αγοράσει χειρόγραφα για τη Βασιλική Βιβλιοθήκη. Το κείμενο του ταξιδιού αυτού, καθώς και τα σχέδια που το συνοδεύουν σχολιάζονται παρακάτω, στο σχετικό λήμμα του καταλόγου.

Το υλικό του ταξιδιού αυτού είναι ανέκδοτο. Βλέπε Παρίσι, Bibliothèque Nationale, Département des Manuscrits, *Nouvelles acquisitions françaises* 1892, 175v-191 · *Supplément grec* 295, 420-422v · *Supplément grec* 930, 47v-50.

Από τα μέσα του 18ου αιώνα οι ταξιδιώτες φθάνουν συνεχώς στην Αθήνα. Στο Άργος, όμως, οι επισκέψεις επαναλαμβάνονται μόνο στο τελευταίο τέταρτο του αιώνα· στην καθυστέρηση αυτή διαφαίνεται η αποξένωση της Αργολίδας. Στην αρχή συναντάμε τα μέλη του κύκλου του κόμη de Choiseul-Gouffier. Είναι γνωστό ότι για να συγκεντρώσει το υλικό του *Voyage pittoresque*, είχε επιστρατεύσει πολλούς καλλιτέχνες και λογίους που ταξίδευαν για λογαριασμό του· τον κύκλο αυτό των ελληνιστών και λογίων είχε συγκεντρώσει όταν ήταν πρεσβευτής στην Κωνσταντινούπολη (1786-1789) :

**7.** 10 Οκτωβρίου 1780, FOUCHEROT (πέθανε το 1813). Μετέπειτα μέλος του Εθνικού Ινστιτούτου για την αρχιτεκτονική, βρισκόταν τότε στην υπηρεσία του Choiseul-Gouffier. Ταξίδευε με το ζωγράφο Louis-François Sébastien FAUVEL (1753-1838), τον μετέπειτα πρόξενο στην Αθήνα και γνωστό συλλέκτη αρχαιοτήτων.

Το κείμενο του ταξιδιού του Foucherot φυλάσσεται στη Γεννάδειο Βιβλιοθήκη. Το σχετικό απόσπασμα για το Άργος δημοσιεύθηκε από τον C. G. LOWE, *Hesperia* 5 (1936), σελ. 217 σημ. 1. Το κείμενο του Fauvel αναφέρει απλώς το Άργος, είναι όμως γνωστά δύο σχέδιά του.

**8.** 1782, Louis-François CASSAS (1756-1827). Ζωγράφος και σχεδιαστής, ο καλλιτέχνης αυτός εργάσθηκε επίσης στην υπηρεσία του Choiseul-Gouffier. Είναι γνωστά τέσσερα δικά του σχέδια για το Άργος (βλ. παρακάτω το σχετικό λήμμα του καταλόγου).

**9.** Μάιος του 1785, Jean-Baptiste-Gaspard D'ANSSE DE VILLOISON (1750-1805). Περίφημος ελληνιστής, ταξίδευε και αυτός αναζητώντας χειρόγραφα. Αναφέρει το υποτιθέμενο ανάκτορο της Ελένης στο Άργος, στην πραγματικότητα τις θέρμες του θεάτρου, και μιλάει για τις συνθήκες ανακάλυψης της επιγραφής *IG* IV 597 καθώς κτιζόταν ένα χάνι.

*Mémoire sur quelques inscriptions inconnues ou publiées inexactement, extrait de la relation du voyage littéraire fait dans le Levant*, από το έργο *Histoire de l'Académie Royale des Inscriptions et Belles-Lettres*..., τόμος 47. A Paris, de l'Imprimerie impériale (1809), σελ. 312 και 329.

Αν και οι μαρτυρίες αυτές δεν χρησιμοποιήθηκαν πολύ, είναι ενδεικτικές ενός πιο συστηματικού πνεύματος που επικρατεί εκείνα τα χρόνια, και το οποίο πρόκειται να εξελιχθεί. Οι άγγλοι ταξιδιώτες, ωστόσο, παίζουν την εποχή αυτή το σημαντικότερο ρόλο. Η εταιρεία των Dilettanti, λέσχη πλουσίων αριστοκρατών που ήταν συγχρόνως ερασιτέχνες φιλότεχνοι και αρχαιόφιλοι, ιδρύθηκε στο Λονδίνο το 1733 και συνέβαλε αποφασιστικά στη χρηματοδότηση πολλών ταξιδιών, ειδικά αυτών του Chandler, ο οποίος επισκέφθηκε το Άργος, και των Stuart και Revett, που όμως δεν πήγαν ποτέ. Πρέπει να προσθέσουμε ότι η ταραγμένη περίοδος που σχετίζεται με τη Γαλλική Επανάσταση και τα επακόλουθά της, δεν ευνόησε ιδιαίτερα τα ταξίδια στην Ελλάδα, τουλάχιστον σε μια πρώτη φάση. Μπορούμε ωστόσο να αναφέρουμε δύο γάλλους περιηγητές των τελευταίων χρόνων του αιώνα :

**10.** 1799, François-Charles-Henri POUQUEVILLE (1770-1838). Γιατρός, μετέπειτα πρόξενος στα Γιάννενα, αιχμάλωτος στο Μοριά το 1798, πέρασε από το Άργος το 1799 στο δρόμο προς την Κωνσταντινούπολη, όπου θα φυλακιζόταν. Επανέρχεται στο Άργος το 1815· βρισκόταν εκεί όταν έφτασε η είδηση της απόβασης από το νησί Έλβα και της επιστροφής του Ναπολέοντα στη Γαλλία. Αναφέρει μια πόλη με κακή οργάνωση, κατοικημένη κατά τα τρία τέταρτα από Έλληνες, στην πλειονότητά τους καραγωγείς ή εμπόρους αλόγων, ένα κάστρο, μερικά ανάγλυφα ή σβησμένες επιγραφές, και στα νότια ένα μεγάλο τείχος (ίσως οι θέρμες). Το 1815, μιλάει κυρίως για την ερήμωση του Άργους, για το τζαμί και το μεντρεσέ του, και αντιγράφει μερικές επιγραφές.

*Voyage en Morée, à Constantinople, en Albanie, et dans plusieurs autres parties de l'Empire ottoman, pendant les années 1798, 1799, 1800 et 1801*... Paris, chez Gabon et Comp. (1805), τόμος I, σελ. 495-497.

*Voyage de la Grèce... Deuxième édition revue, corrigée et augmentée.* Paris, chez Firmin Didot père et fils (1826-1827), τόμος V (1827), σελ. 199-213.

**11.** Πριν από το 1803, Esprit-Marie Cousinéry (1747-1833). Ορίστηκε πρόξενος της Γαλλίας στη Θεσσαλονίκη το 1783, ανακλήθηκε το 1793, όμως γύρισε στη Γαλλία δέκα χρόνια αργότερα. Το 1814 επανήλθε στη θέση του, όπου παρέμεινε μέχρι το Μάιο του 1818. Το πέρασμά του από το Άργος είναι γνωστό μόνο από το σκαρίφημα ενός χάρτη της Αργολίδας, που πραγματοποίησε σύμφωνα με τις υποδείξεις του ο Barbié du Bocage, και φυλάσσεται στη Γεννάδειο Βιβλιοθήκη (βλέπε παρακάτω το σχετικό λήμμα του καταλόγου).

Τα πρώτα χρόνια του 19ου αιώνα πραγματοποιούνται μερικά από τα πιο ενδιαφέροντα ταξίδια στις περιοχές αυτές, κυρίως από Άγγλους : αναφέρουμε τον Dodwell, τον Gell (το πρώτο ταξίδι του οποίου χρηματοδοτείται από τους Dilettanti), και κυρίως τον Leake, που επισκεπτόταν την Ελλάδα τόσο για στρατιωτικούς όσο και για αρχαιολογικούς σκοπούς. Ταυτόχρονα, τα ταξίδια στην Ελλάδα γίνονται του συρμού. Οι νεαροί εύποροι Άγγλοι ολοκλήρωναν την εκπαίδευσή τους με τη Μεγάλη Περιοδεία, η οποία συχνά περιελάμβανε την Ελλάδα. Αποτελεί την πηγή πολλών αφηγήσεων, όπου η περιέργεια είναι περισσότερο επιφανειακή και στηρίζεται λιγότερο στην επιθυμία να γνωρίσουν το συγκεκριμένο πλαίσιο του κλασικού πολιτισμού. Έτσι μάλλον πρέπει να ερμηνευθεί το ταξίδι του Chateaubriand, ο οποίος, σύμφωνα με τα λεγόμενά του, «αναζητούσε εικόνες, τίποτα παραπάνω». Πράγματι, ήταν πληροφορημένος (προκειμένου για το Άργος αναφέρει τους Pellegrin, Fourmont και Chandler), αλλά δεν αφιέρωνε σε όσα έβλεπε παρά μιαν αδιάφορη ματιά.

**12.** 20 Αυγούστου 1806, François-René de Chateaubriand (1768-1848). Το έργο του *Itinéraire de Paris à Jérusalem* είναι διάσημο, αλλά δέχθηκε πικρόχολη κριτική από το γιατρό Αβραμιώτη, που τον είχε φιλοξενήσει στο Άργος. Φαίνεται ότι είχε δείξει επιφανειακό ενδιαφέρον για ό,τι έβλεπε : ο πρώτος «τουρίστας».

*Itinéraire de Paris à Jérusalem et de Jérusalem à Paris en allant par la Grèce et en revenant par l'Égypte, la Barbarie et l'Espagne.* Paris, Le Normant (1811), σελ. 128-132.

Στην περίοδο αυτή χρονολογείται το ταξίδι μιας παρέας φίλων, που συνέβαλαν σημαντικά στη γνώση των ελληνικών αρχαιοτήτων : του άγγλου αρχιτέκτονα C.-R. Cockerell και των Γερμανών K. Haller von Hallerstein και O.-M. von Stackelberg· οι δύο πρώτοι επισκέφθηκαν το Άργος στα 1811 και 1812 πραγματοποιώντας πολλά σχέδια. Γόνιμα χρόνια για τη γνώση της Αργολίδας και της Πελοποννήσου! Από την κίνηση, όμως, αυτή απουσιάζει η γαλλική συμμετοχή, εξαιτίας ίσως των πολέμων της αυτοκρατορίας. Μόνο μετά από την πτώση του Ναπολέοντα συναντάμε και πάλι Γάλλους στην Αργολίδα· πρόκειται καταρχήν για δύο διπλωμάτες, που δρουν στα πλαίσια των καθηκόντων τους :

**13.** 1817, Louis-Auguste FÉLIX DE BEAUJOUR (1765-1836). Πρόξενος στη Θεσσαλονίκη από το 1794 έως το 1799, ταξίδεψε στο Άργος στις αρχές του 19ου αι., όπου ξαναγύρισε το 1817 με την ευκαιρία μιας επιθεώρησης (ήταν τότε γενικός επιθεωρητής των προξενείων και των γαλλικών ιδρυμάτων της Ανατολής). Αναφέρει κυρίως την ερειπωμένη ακρόπολη, το υδραγωγείο και το θέατρο.

*Voyage militaire dans l'empire othoman.* Paris, F. Didot, Bossance père, Delaunay (1829), τόμος I, σελ. 6.

**14.** Σεπτέμβριος του 1820· ο κόμης Louis Jean André Charles DE MARCELLUS, γεννημένος το 1795, διετέλεσε από το Σεπτέμβριο του 1815 γραμματέας της πρεσβείας στην Κωνσταντινούπολη. Αφιέρωσε τη χρονιά του 1820 για να επισκεφθεί τα εμπορικά λιμάνια της Ανατολής και τα ιδρύματα της Παλαιστίνης· κατά τη διάρκεια αυτού του ταξιδιού, στις 25 Μαΐου, απέκτησε την Αφροδίτη της Μήλου. Στο Άργος, βλέπει το κάστρο, το θέατρο, κι επισκέπτεται το σχολείο.

*Souvenirs de l'Orient, par le vicomte DE MARCELLUS.* Paris, Debécourt (1839), τόμος II, σελ. 392-396.

Από το 1821, τα πολιτικά και στρατιωτικά γεγονότα που συνδέονται με την ελληνική επανάσταση και τον αγώνα για την ανεξαρτησία, προσελκύουν ένα νέο είδος ταξιδιωτών : συμπαθούντες στρατιωτικούς και φιλέλληνες που σπεύδουν να βοηθήσουν τους επαναστάτες. Πολλοί από αυτούς περνούν από το Άργος και του αφιερώνουν μερικές γραμμές, επειδή η Αργολίδα υπήρξε πεδίο μαχών (το Άργος καταστράφηκε το 1821, το 1822 και το 1825) και αργότερα το Ναύπλιο έγινε έδρα της κυβέρνησης. Αυτή η συμπαράσταση είναι φυσικά διεθνής, συμμετέχουν όμως και Γάλλοι :

**15.** Το 1822, ο Louis DE BOLLMANN, υπολοχαγός του πυροβολικού, ρίχνει μόνο τη ματιά του ειδικού στο ερειπωμένο Άργος, που έχουν καταλάβει οι Μανιάτες.

*Remarques sur l'état moral, politique et militaire de la Grèce, écrites sur les lieux par Ls DE BOLLMANN, officier d'artillerie, pendant l'année 1822.* Marseille, des imprimeries réunies de Carnaud et Simonin [αχρονολόγητο], σελ. 12-13.

**16.** 26 έως 29 Απριλίου 1822, Philippe JOURDAIN, «αντιπλοίαρχος του βασιλικού πολεμικού ναυτικού, συνταγματάρχης στην υπηρεσία της ελληνικής κυβέρνησης». Είναι ο χαρακτηριστικός τύπος του αξιωματικού από τη Δύση που ήρθε να υποστηρίξει την Ελληνική Επανάσταση. Έπαιξε κάποιο ρόλο, στην αρχή ως ναυτικός, κατόπιν σε διαπραγματεύσεις ατελεσφόρητες με το «Τάγμα της Μάλτας». Εξορίστηκε από την Ελλάδα στις 26 Αυγούστου 1825 επειδή αντιτάχθηκε στην αγγλική μερίδα.

*Mémoires historiques et militaires sur les événements de la Grèce, depuis 1822 jusqu'au combat de Navarin.* Paris, Brissot-Thivars (1828), τόμος I, σελ. 12-13 και 16-20.

**17.** Το 1825, ο H. LAUVERGNÉ, συγγραφέας ενός βιβλίου για την εκστρατεία της Αιγύπτου στο Μοριά, περνάει βιαστικά από το Άργος, που κρίνει μόνο από στρατιωτική σκοπιά.

*Souvenirs de la Grèce pendant la campagne de 1825, ou Mémoires historiques et biographiques sur Ibrahim, son armée, Khourchid, Sève, Mari et autres généraux de l'expédition d'Égypte en Morée.* Paris, chez Avril de Gastel, libraire-éditeur (1826), σελ. 185.

**18.** Στις 19 Μαρτίου του 1829, ο Alexandre Duheaume, λοχαγός στο 58ο σύνταγμα πεζικού της γραμμής, περνάει από το Άργος, όπου του κάνουν εντύπωση τα εύφορα χωράφια του σταριού και η καλλιέργεια του μπαμπακιού και του καπνού. Αυτό που κυρίως βλέπει είναι ένα σύνταγμα λογχοφόρων ιππέων.

*Souvenirs de la Morée pour servir à l'histoire de l'expédition française de 1828-1829.* Paris, Anselin (1883), σελ. 75.

Αλλά από τη σκοπιά που μας ενδιαφέρει, η μεγαλύτερη προσφορά ανήκει φυσικά στην Επιστημονική Αποστολή του Μορέως, που έφθασε το 1829, ακολουθώντας το εκστρατευτικό σώμα του στρατηγού Maison, ο οποίος είχε έλθει ήδη από τον προηγούμενο χρόνο.

**19.** Στη διάρκεια του 1829 τα μέλη της Επιστημονικής Αποστολής του Μορέως περνούν από το Άργος σε διαφορετικά χρονικά διαστήματα· αρχικά ο Edgar QUINET την 1η Απριλίου, κατόπιν ο συνταγματάρχης BORY DE SAINT VINCENT και ο M. E. PUILLON BOBLAYE, τέλος, στις 15 Ιουλίου τα μέλη του αρχιτεκτονικού τμήματος που διηύθυνε ο Abel BLOUET. Για τις λεπτομέρειες και τα αποτελέσματα των εργασιών τους, που συνέβαλαν στην επιστημονική γνώση του Άργους, βλέπε παρακάτω το σχετικό λήμμα του καταλόγου.

*De la Grèce moderne et de ses rapports avec l'antiquité. Par Edgar QUINET...* Paris, chez F. G. Levrault (1830), σελ. 230-236.
*Expédition scientifique de Morée, ordonnée par le gouvernement Français. Architecture, Sculpture, Inscriptions et vues du Péloponnèse, des Cyclades et de*

*l'Attique, mesurées, dessinées, recueillies et publiées par Abel* Blouet, *architecte..., Amable* Ravoisié *et Achille* Poirot, *architectes, Félix* Trézel, *peintre d'histoire, et Frédéric* de Gournay, *littérateur.* Δεύτερος τόμος. A Paris, chez Firmin Didot, frères, libraires (1883), σελ. 90-92 και πίν. 56-60.
*Recherches géographiques sur les ruines de la Morée, par M. E.* Puillon Boblaye... *faisant suite aux travaux de la Commission Scientifique de Morée.* Paris, F. G. Levrault, libraire-éditeur (1835), σελ. 43-44.
*Relation du voyage de la Commission Scientifique de Morée dans le Péloponnèse, les Cyclades et l'Attique, par J. B. G. M.* Bory de Saint Vincent. Paris et Strasbourg, F. G. Levrault (1836-1838), τόμος II, σελ. 395-406.

Η ελληνική κυβέρνηση παρέμεινε στο Ναύπλιο μέχρι τη μεταφορά της πρωτεύουσας στην Αθήνα, το 1835, και η παρουσία της εξακολούθησε να ευνοεί τις επισκέψεις στην περιοχή, εφόσον μάλιστα μια γαλλική φρουρά εξακολουθούσε να βρίσκεται στην Πελοπόννησο.

**20.** Τον Ιούνιο του 1830, ο νεαρός ιστορικός Joseph Poujoulat (1808-1880), που ταξιδεύει με το δημοσιογράφο και βιογράφο Joseph Michaud (1767-1839), επισκέπτεται το Άργος, όπου βλέπει κυρίως την ακρόπολη, το θέατρο, τις θέρμες, τις οποίες ταυτίζει με εκκλησία, και το ναό του Αγίου Ιωάννη του Προδρόμου.

*Correspondance d'Orient, 1830-1831. Par M. [Joseph]* Michaud *et M. [Joseph]* Poujoulat. Paris, Ducollet (1833-1835), τόμος I, σελ. 102-112.

**21.** Το 1831, ο Henri Cornille διέσχισε βιαστικά το Άργος, ερχόμενος από το Ναύπλιο, όπου είχε παραστεί μάρτυρας της δολοφονίας του Καποδίστρια· απλώς μνημονεύει την πόλη.

*Souvenirs d'Orient, par Henri* Cornille. *Constantinople-Grèce-Jérusalem-Égypte.* Δεύτερη έκδοση. Paris, Arthus Bertrand (1836), σελ. 171.

**22.** Το 1831 επίσης, ο αξιωματικός του ναυτικού Lucien Davesiès de Pontès (1806-1859) περνάει από το Άργος· εκεί τον φιλοξενεί ο Καλλέργης, το σπίτι του οποίου θεωρεί «αξιόλογο για την κομψότητά του». Επισκέπτεται το θέατρο και τις θέρμες, και υπογραμμίζει την ανάπτυξη της σύγχρονης πόλης, της οποίας το μέλλον του φαίνεται να υπόσχεται περισσότερα από αυτό του Ναυπλίου.

*Études sur l'Orient... Seconde édition.* Paris, Michel Lévy Frères (1865), σελ. 109-110.

**23.** Το 1833, ο στρατιωτικός επιμελητής J. L. Lacour βρίσκεται με τη μονάδα του στο Άργος, στις 16 Ιανουαρίου, την ώρα της κρίσιμης αντιπαράθεσης «ενός πλήθους παλικαριών» με το γαλλικό στρατό. Το κύριο μέρος του κειμένου του είναι αφιερωμένο σ'αυτή την υπόθεση. Οι στρατώνες «διαμορφώθηκαν έτσι ώστε να μπορούν να αντέξουν σε μια σοβαρή επίθεση· κατασκευάστηκαν πολεμίστρες και θυρίδες σε όλο το μήκος του εξωτερικού τους τοίχου». Η οικία Καλλέργη είναι «η μόνη κατοικήσιμη». Αναφέρει τα ερείπια του Άργους που εμφανίζουν «το θέαμα μιας πρόσφατης καταστροφής», αλλά δεν μιλάει για τίποτα άλλο.

*Excursions en Grèce pendant l'occupation de la Morée par l'armée française dans les années 1832 et 1833*. Paris, Arthus Bertrand (1834), σελ. 245-287.

**24.** Το Μάιο του 1833, ο γιατρός Jean GIRAUDEAU DE SAINT-GERVAIS (1802-1861) αναφέρει και πάλι την ίδια υπόθεση και λέει πως υπήρξε μάρτυρας της «πυρκαϊάς του ωραίου στρατώνα που είχε κτίσει ο Καποδίστριας». Η πόλη έχει «την όψη λαϊκής αγοράς ή περιχαρακωμένου στρατόπεδου», επειδή οι κάτοικοί της «έχουν, μοναδικό κατάλυμα, καλύβες χτισμένες με λάσπη και ξυλοδεσιές». Βλέπει επίσης το θέατρο και τα ερείπια των θερμών και τον πληροφορούν ότι πρόκειται για δικαστήριο, πράγμα που αρνείται : «Τίποτα δεν μπορεί να στηρίξει αυτή τη θεωρία, εκτός από μερικά υπόγεια κτίσματα που μας βεβαιώνουν ότι υπήρξαν φυλακές».

*L'Italie, la Sicile, Malte, la Grèce, l'Archipel, les Iles Ioniennes et la Turquie. Souvenirs de voyage historiques et anecdotiques*. Paris, chez l'auteur, Delaunay, Bohaire etc. (1835), σελ. 236-239.

Αλλά την Αργολίδα επισκέπτονται όλο και περισσότεροι Γερμανοί : η αναγόρευση ενός Βαυαρού πρίγκιπα, του μετέπειτα βασιλέα Όθωνα, στο θρόνο της Ελλάδας, είχε ευνοήσει τον ερχομό τους και, για το δεύτερο τέταρτο του αιώνα, η συμβολή τους θα είναι από τις πιο σημαντικές για τη γνώση του Άργους. Ανάμεσά τους πρέπει να αναφέρουμε στην πρώτη γραμμή τον L. Ross, μελλοντικό Γενικό Έφορο Αρχαιοτήτων της Ελλάδας. Όμως, από αυτή την εποχή εμφανίζεται στην ταξιδιωτική φιλολογία ένας διαχωρισμός ολοένα και πιο ξεκάθαρος ανάμεσα σε δύο είδη έργων, που μέχρι τότε εμφανίζονταν συχνά ενοποιημένα : από τη μια οι επιστημονικές εργασίες αρχαιολόγων, συχνά λίγο στεγνές (και ανάμεσά τους αναφέρουμε τα ονόματα δύο μελών της Γαλλικής Αρχαιολογικής Σχολής Αθηνών, των Charles Benoît και Alexandre Bertrand), από την άλλη ταξιδιωτικές εντυπώσεις, στις οποίες αναζητείται περισσότερο η ατμόσφαιρα της Ελλάδας και λιγότερο οι αρχαιότητές της. Όσοι από τους συγγραφείς αισθάνονται την ανάγκη να τις αναφέρουν, το κάνουν σε λίγες γραμμές, αντιγράφοντας τους προγενέστερους ή συγκεντρώνοντας παραφράσεις αρχαίων συγγραφέων. Στην πραγματικότητα δεν αποδίδουν παρά μόνο μια γενική εικόνα της πόλης του Άργους, αλλά με τρόπο φευγαλέο : στο εξής δεν συναντάμε πια εκτεταμένες περιγραφές, και τα σχέδια γίνονται πολύ σπανιότερα.

**25.** Το 1839, ο Adolphe Didron (1806-1867), ένας από τους ιδρυτές της μελέτης των χριστιανικών και μεσαιωνικών μνημείων, αναφέρει μόνο το παρεκκλήσι του κάστρου και την εκκλησία του κοιμητηρίου.

«Voyage dans la Grèce chrétienne», *Annales archéologiques* 1 (1844), σελ. 48.

**26.** Τον Ιούλιο του 1841, ο Jean-Alexandre Buchon (1791-1846), πνεύμα εγκυκλοπαιδικό, που εργαζόταν τότε για τη μεσαιωνική Ελλάδα, επισκέπτεται το Άργος, όπου βλέπει τις θέρμες και το θέατρο, αλλά ενδιαφέρεται κυρίως για το κάστρο. Εκπονεί επίσης ένα σχέδιο.

*La Grèce continentale et la Morée. Voyage, séjour et études historiques en 1840 et 1841*... Paris, Charles Gosselin (1843), σελ. 383-385.

**27.** Στις 18 Σεπτεμβρίου του 1843, ο Antoine-Marie Chenavard (1787-1883), αρχιτέκτων, και ο Étienne Rey (1789-1876), ζωγράφος, από τη Λυών και οι δύο, βρίσκονται στο Άργος, όπου ο Rey φιλοτεχνεί ένα σχέδιο, ενώ ο Chenavard αποτυπώνει την κάτοψη του θεάτρου (αυτή όμως που εικονίζεται σε μια ιδιόχειρη συλλογή που φυλάσσεται στη δημοτική βιβλιοθήκη της Λυών, δεν είναι παρά ένα αντίγραφο του σχεδίου της Αποστολής του Μορέως). Δημοσίευσαν και οι δύο από έναν τόμο αναμνήσεων, με αόριστες αναφορές.

*Voyage en Grèce et dans le Levant fait en 1843-1844, par A.-M. Chenavard, architecte, E. Rey, peintre, professeurs à l'École des Beaux-Arts de Lyon, et J. M. Dalgabio, architecte. Relation par A.-M. Chenavard.* Lyon, imprimerie de Léon Boitel (1849), σελ. 36-37.
*Voyage pittoresque en Grèce et dans le Levant fait en 1843-1844 par E. Rey, peintre, et A. Chenavard, architecte, professeurs à l'École des Beaux-Arts de Lyon... et Dalgabio, architecte. Journal de voyage. Dessins et planches lithographiées par E. Rey.* Lyon, typographie Louis Perrin, lithographie Claude Bonnaviat (1867), τόμος I, σελ. 27 και πίν. VIII.

**28.** Το 1845, ο υποκόμης Théodore Du Moncel (1821-1884) εκπονεί στο Άργος ένα σχέδιο με πρωτότυπη οπτική γωνία, ενώ το κείμενο που το συνοδεύει ακολουθεί εκείνο της Αποστολής του Μορέως.

*Excursion par terre d'Athènes à Nauplie.* Paris, chez Gide et compagnie [αχρονολόγητο], σελ. 9 και πίν. XV.

**29.** Το 1845, ο δούκας de Montpensier πραγματοποίησε ένα ταξίδι στην Ελλάδα που τον έφερε, μεταξύ άλλων, και στο Άργος. Έχουμε την καταγραφή του ταξιδιού από τον Antoine de Latour, του οποίου η πολύ σύντομη αναφορά τονίζει κυρίως την αναγέννηση του Άργους.

*Voyage de S. A. R. Monseigneur le Duc de Montpensier à Tunis, en Égypte, en Turquie et en Grèce. Lettres par M. Antoine* DE LATOUR. Paris, Arthus Bertrand (1847), σελ. 201.

**30.** Το 1846, ο ζωγράφος Dominique PAPETY (1815-1849) εκπονεί δύο σχέδια στο Άργος, τα οποία φυλάσσονται στο Μουσείο του Λούβρου. Δεν φαίνεται να έχει δημοσιεύσει ταξιδιωτικές αναμνήσεις.

**31.** Στις 19 και 20 Οκτωβρίου του 1847, ο κόμης και η κόμησα Agénor DE GASPARIN πέρασαν από το Άργος πηγαίνοντας από την Πάτρα στην Αθήνα. Την κυρία de Gasparin, ελβετικής καταγωγής, απασχολούσε πολύ η ηθική και η διαπαιδαγώγηση· βρίσκουμε σχετικές αναφορές στην αφήγηση του ταξιδιού της : σημειώνει με έκπληξη ότι τα παιδιά ζητιανεύουν, αναφέρει την απλότητα των σπιτιών και τη λιτότητα της διατροφής των κατοίκων, εκτός από το κρασί· δεν έχει, όμως, πολλά να πει για την ίδια την πόλη.

[Valérie BOISSIER, comtesse DE GASPARIN], *Journal d'un voyage au Levant. Par l'auteur du Mariage au point de vue chrétien.* Paris, Marc Ducloux et C^ie^ (1848), τόμος I, σελ. 137-143.

**32.** Το 1848, ο Charles BENOÎT (πέθανε το 1898), μέλος της Γαλλικής Αρχαιολογικής Σχολής Αθηνών από το 1846 (ανήκε στην πρώτη αποστολή μελών), προαναγγέλλει τις μελλοντικές εργασίες της Σχολής με μια σύντομη επίσκεψη στο Άργος, όπου σημειώνει μόνο μερικές σκέψεις για το θέατρο και την πεδιάδα.

«Excursions et causeries littéraires : autour d'Athènes et en Argolide», *Annales de l'Est* (1893), σελ. 364-365.

**33.** Μεταξύ της 17ης Απριλίου και της 1ης Ιουνίου του 1850 ο Alexandre BERTRAND (1820-1902), μέλος τότε της Γαλλικής Αρχαιολογικής Σχολής Αθηνών, πραγματοποίησε ένα κοινό επιστημονικό ταξίδι με δύο συντρόφους του. Αποτυπώνει προσεκτικά τις αρχαιότητες· είναι ένας από τους λίγους που πρόσεξε το θέατρο με τις ευθύγραμμες σειρές εδωλίων και ανέφερε ένα λαξευμένο στο βράχο ανάγλυφο μεταξύ του θεάτρου και του νυμφαίου της Λάρισας. Αναφέρει επίσης ανάγλυφα στις οικίες Τσώκρη και Καλλέργη.

*Études de mythologie et d'archéologie grecque : d'Athènes à Argos.* Rennes, Ch. Catel et C^ie^ (1858), σελ. 285-292.

Στο δεύτερο μισό του αιώνα αναπτύσσεται ο τουρισμός. Απόδειξη αποτελεί η δημοσίευση του Οδηγού της Ελλάδας, το 1873, στην ήδη γνωστή σειρά των *Guides Joanne*· ο οδηγός αυτός είχε ετοιμαστεί σε κοινό ταξίδι των Joanne και Isambert, πριν από το 1860. Τα βιβλία που εκδίδονται έχουν σκοπό να αποδώσουν τις ταξιδιωτικές εντυπώσεις και να μεταδώσουν τη γενικότερη ατμόσφαιρα· η επιτυχία είναι στενά δεμένη με το συχνά άνισο φιλολογικό ταλέντο των συγγραφέων. Δεν υπάρχουν πια σχέδια. Μετά τη μεγάλη καινοτομία που υπήρξε η δημοσίευση, το 1850, του ταξιδιού του Maxime du Camp στην Ανατολή, με 125 φωτογραφίες, ο ανταγωνισμός αυτού του νέου μέσου απόδοσης των τοπίων γίνεται αισθητός. Καταρχάς, μέσα από την εξέλιξη της τεχνικής του φωτεινού θαλάμου, το σχέδιο προσπαθεί να συναγωνισθεί σε ακρίβεια τη φωτογραφία· παρουσιάζονται παρακάτω δύο παραδείγματα. Αλλά με την πρόοδο των τεχνικών της τυπογραφίας, που υποσκελίζει τη λιθογραφία, το σχέδιο εξαφανίζεται εντελώς από τα ταξιδιωτικά βιβλία. Στα τέλη του αιώνα κλείνει η εποχή των ταξιδιωτών, τουλάχιστον για την Αργολίδα. Στην πραγματικότητα, η γόνιμη περίοδος αυτού του είδους είχε ήδη σταματήσει πριν από μισόν αιώνα: το Άργος περίμενε τις πρώτες αρχαιολογικές εργασίες, οργανωμένες με συστηματικό κι επιστημονικό πνεύμα.

**34.** Στις 27 και 28 Οκτωβρίου 1850, η δεσποινίς DE VARE περνάει από το Άργος, όπου παζαρεύει ένα αρχαίο άγαλμα, που «μόλις είχε ανακαλυφθεί στις ανασκαφές» και πραγματοποιεί έκτυπα επιγραφών, τα οποία όμως δεν δημοσιεύει. Αυτό που της κάνει κυρίως εντύπωση είναι η ζωντάνια των δρόμων.

[Mlle DE VARE], *Voyage en Grèce, par Charles AUBERIVE*. Paris, V. Sarlit (1860), σελ. 76-77.

**35.** Στις 13 Νοεμβρίου 1853, ο Eugène BOULLIER, κάτοικος του Laval, ταξιδεύοντας για προσκύνημα στην Ιερουσαλήμ, επισκέπτεται το Άργος ως συνεπής τουρίστας· εκείνο που κυρίως τον εντυπωσιάζει και βρίσκει αξιοσέβαστο, είναι το θέαμα του εκλογικού κέντρου που έχουν οργανώσει «στην κεντρική εκκλησία του Άργους» για την εκλογή του βουλευτή στη Βουλή των Αθηνών.

*Lettres d'un pèlerin de Jérusalem : journal d'un voyage en Orient*. Laval, H. Godbert (1854), σελ. 218.

**36.** Γύρω στο 1854, ο Eugène YEMENIZ, βιομήχανος ελληνικής καταγωγής, μνημονεύει με λόγια αόριστα και γεμάτα αναφορές σε αρχαίους συγγραφείς, το τζαμί, τις θέρμες και το θέατρο, και δίνει μια εικόνα πολύ πιο γλαφυρή της πολιορκίας της Λάρισας στα 1822.

*Voyage dans le royaume de Grèce*. Paris, E. Dentu (1854), σελ. 153-164.

**37.** Την ίδια περίοδο, ο Benjamin Nicolas Marie APPERT (1797-1873), συγγραφέας και φιλάνθρωπος που τον ενδιέφερε ιδιαίτερα το θέμα των φυλακών, επισκέπτεται την Ελλάδα για να μελετήσει το σωφρονιστικό σύστημα και να προτείνει την ίδρυση μιας αγροτικής φυλακής. Περαστικός από το Άργος, επισκέπτεται «το κτήριο των αναπήρων, όπου κατοικούν και οι χωροφύλακες» (πρόκειται για τους στρατώνες). Σημειώνει επίσης την κακή κατάσταση των οδών και των δρόμων και σκέπτεται να τους βελτιώσει με τη βοήθεια ακίνδυνων φυλακισμένων.

*Voyage en Grèce, par le chevalier* Appert. *Dédié au Roi (se vend au profit des prisonniers)*. Athènes, Imprimerie royale (1856), σελ. 43.

**38.** Το 1859, ο Ernest Breton (1812-1875), πολυγραφότατος συγγραφέας στους τομείς της Αρχαιολογίας και της Ιστορίας της Τέχνης, πέρασε από το Άργος, όπου επεξεργάστηκε με αρκετή ακρίβεια μια περιγραφή του θεάτρου.

*Athènes décrite et dessinée par Ernest Breton... suivie d'un voyage dans le Péloponnèse*. Δεύτερη έκδοση. Paris, L. Guérin et C[ie], éditeurs (1868), σελ. 348-349.

**39.** Το 1873 εκδίδεται από τον Émile Isambert ένας οδηγός της Ελλάδας. Είχε προετοιμαστεί μετά από ένα κοινό ταξίδι του Isambert και του Adolphe Joanne στα τέλη της δεκαετίας του 1850. Αναφέρει κυρίως το θέατρο και το φράγκικο κάστρο, αλλά μιλάει και για τις άλλες αρχαιότητες που είδε (θέατρο με ευθύγραμμες σειρές εδωλίων, θέρμες, νυμφαίο της Λάρισας και το υδραγωγείο του) και επισημαίνει το ανάγλυφο της Τελεσίλλας, εντοιχισμένο στην οικία Τσώκρη, καθώς και το μικρό μουσείο του Δημαρχείου.

*Itinéraire descriptif, historique et archéologique de l'Orient. I. Grèce et Turquie d'Europe (Collection des Guides Joanne)*. Paris, Hachette (1873), σελ. 268.

**40.** Ο Henri Belle, γραμματέας Α' της Πρεσβείας, παρέμεινε για σύντομο διάστημα στο Άργος, σε χρόνο που είναι δύσκολο να προσδιοριστεί, μεταξύ του 1861 και 1874, όπου παρατήρησε κυρίως την αγροτική όψη της πόλης και έναν παπά σε πομπή βάπτισης. Εκπόνησε ένα σχέδιο που συνάπτεται στη δημοσίευση σε άρθρα, αλλά λείπει από το επίτομο έργο του.

*Le Tour du Monde. Nouveau journal des voyages* 35 (1878), 1ο εξάμηνο, σελ. 312-313. Αναδημοσιεύεται χωρίς τη χαλκογραφία στο *Trois années en Grèce*. Paris, Hachette (1881), σελ. 287-289.

**41.** Στις 15 Οκτωβρίου 1878, ο δημοσιογράφος και πολιτικός Joseph Reinach (1856-1921) περνάει από το Άργος, που περιγράφει ως ένα μεγάλο χωριό με δρόμους σπάνια λιθοστρωμένους· περιγράφει επίσης μια καθημερινή σκηνή, χωρίς να αναφέρει τις αρχαιότητες. Το 1879 του γράφουν από την Αθήνα ότι η πλατεία του δημαρχείου ονομάσθηκε Πλατεία Gambetta.

*Voyage en Orient*. Paris, G. Charpentier (1879), τόμος II, σελ. 114-120.

**42.** Το 1883, ο B. GIRARD, φροντιστής του πολεμικού ναυτικού, αναφέρει πολύ σύντομα το κάστρο και το θέατρο.

*Souvenirs d'une campagne dans le Levant. L'Égypte en 1882. Les côtes de la Syrie et de l'Asie Mineure. La Grèce en 1883.* Paris, Berger-Levrault (1884), σελ. 281.

**43.** Το 1889, ο Élie CABROL δεν βρίσκει στο Άργος παρά «μόνον αναμνήσεις» και κατονομάζει απλώς το θέατρο και το κάστρο της ακρόπολης.

*Voyage en Grèce, 1889; notes et impressions.* Paris, Librairie des bibliophiles (1890), σελ. 136-138.

**44.** Γύρω στα 1890, ο γιατρός Marius BERNARD, σε μια αφήγηση εικονογραφημένη με μια λιθογραφία του Avelot, περιγράφει το Άργος ως

«έναν οικισμό με λεύκες, μικρούς κήπους, πλινθόκτιστους τοίχους σαν αυτούς που συναντάμε στις οάσεις της Αλγερίας, πίσω απ' τους οποίους ξεπροβάλλουν πικροδάφνες· κακοκτισμένα σπίτια χωρίς ορόφους, αλλά με ταράτσες απ'όπου οι γυναίκες που γνέθουν κρεμούν τα αδράχτια τους μέχρι το δρόμο».

Μνημονεύει επίσης την πολιορκία του 1822. Όσα αναφέρει για τις αρχαιότητες είναι κοινότοπα και λανθασμένα.

*Autour de la Méditerranée. Les côtes orientales : l'Autriche et la Grèce. De Venise à Salonique, par Marius BERNARD.* Paris, Henri Laurens (1899?), σελ. 233-234.

**45.** Το 1893, ο αββάς E. LE CAMUS, ιερέας στην εκκλησία St Louis des Français της Ρώμης, επισκέπτεται το Άργος με δύο συντρόφους του· βλέπει κυρίως το μουσείο και το θέατρο, και ενοχλείται από τα παιδιά. Ο ανεψιός του H. Cambournac τράβηξε μια φωτογραφία.

*Voyage aux sept églises de l'Apocalypse, par l'abbé* E. LE CAMUS. Paris (1896), σελ. 79-85.

**46.** Γύρω στα 1894, ένα ομαδικό ταξίδι των Δομινικανών μοναχών του Arcueil γίνεται αφορμή να αναφερθεί η σύγχρονη πόλη, καθώς και σκηνές δρόμου.

*Constantinople. Le Mont Athos. La Grèce. Voyage de la XIX[e] caravane des Dominicains d'Arcueil.* (Paris), J. Briguet éditeur [αχρονολόγητο], σελ. 198-199.

**47.** Το 1896, η μυθιστοριογράφος Marie Anne DE BOVET βλέπει το Άργος

«μέσα σε απέραντα χωράφια με αγγινάρες, περιβόλια με πορτοκαλιές, αμυγδαλιές, συκιές, που έχουν φράχτες από καλαμιές και αρμυρίκια... Σπίτια χαμηλά, βαμμένα ρόδινα, γαλάζια, πράσινα, ή ασπρισμένα με ασβέστη, σκορπισμένα ακατάστατα ανάμεσα σε φράχτες από πλίθρες που συγκρατούνται με φρύγανα».

Από την πόλη περιγράφει μόνο ένα καφενείο· το θέατρο και η ακρόπολη απλώς αναφέρονται.

*La jeune Grèce*. Paris, L.-Henry May (1897), σελ. 87.

**48.** Την ίδια χρονιά, ο Gustave LARROUMET μιλάει για μια πόλη που «εκτείνεται σε τρία τμήματα» και «διακόπτεται από πλατείες και κήπους, που γύρω τους βρίσκονται σκορπισμένα στην τύχη σπίτια χωρίς χαρακτήρα».

Προσθέτει, τέλος, μια σύντομη περιγραφή του θεάτρου.

*Vers Athènes et Jérusalem. Journal de voyage en Grèce et en Syrie*. Paris, Hachette et C[ie] (1898), τόμος I, σελ. 49-51.

# Η ΠΟΛΗ ΚΑΙ ΤΑ ΜΝΗΜΕΙΑ ΤΗΣ

Τι είδαν τελικά αυτοί οι ταξιδιώτες; Τα ενδιαφέροντά τους αλλάζουν με τα χρόνια : στο Άργος πηγαίνουν κατ'αρχήν για να δούν τις αρχαιότητές του· τους καταλαμβάνει, όμως, ένα αίσθημα απογοήτευσης, όταν διαπιστώνουν ότι οι αρχαιότητες αυτές υστερούν σε σχέση με την ιδέα που είχαν σχηματίσει. Αλλά, με την πάροδο του χρόνου, εκείνο που ελκύει όλο και περισσότερο την προσοχή των επισκεπτών είναι η πόλη — σε βαθμό που οι ταξιδιώτες της τελευταίας περιόδου, που είναι και οι περισσότεροι, μιλούν κυρίως γι'αυτήν.

Το μνημείο που τραβάει περισσότερο την προσοχή είναι **το κάστρο της Λάρισας**. Τους ενδιαφέρει από δύο διαφορετικές απόψεις : ως μνημείο και ως στρατιωτική κατασκευή. Στην αρχή η δεύτερη κυριαρχεί, λόγω των περιστάσεων και των συνθηκών του πολέμου εκείνης της εποχής. Εξετάζονται τα χαρακτηριστικά της τοποθεσίας : η απομονωμένη και κυρίαρχη θέση του, ή η χωρητικότητά του, «διακοσίων φρουρών» κατά τον Mirabal. Εξετάζονται επίσης οι δεξαμενές του. Οι μοναδικές ακριβείς πληροφορίες που διαθέτουμε για την εσωτερική του διευθέτηση, προέρχονται από τον Evliyâ Çelebi ή τον ενετό μηχανικό F. Vandeÿk. Αλλά, κατά περίεργο τρόπο, δεν έπαιξε κανένα ρόλο στην εκστρατεία των Τούρκων εναντίον των Ενετών το 1715. Στην πραγματικότητα ο μόνος στρατιωτικός ρόλος που διαδραμάτισε αυτή την εποχή ήταν όταν, το 1822, ο Υψηλάντης οχυρώθηκε εκεί για να αποκρούσει μια πολιορκία των Τούρκων. Αυτό εξηγεί το ειδικό ενδιαφέρον που δείχνει ο Jourdain τον ίδιο χρόνο : διακρίνει «τρία τείχη που σχηματίζουν τρία διαφορετικά κάστρα», διαμόρφωση που επιβεβαιώνει τις προηγούμενες περιγραφές και αναγνωρίζεται επί τόπου. Αυτό το επεισόδιο αναφέρεται συχνά τα επόμενα πενήντα χρόνια. Ήδη από τον de Monceaux το 17ο αι., το ενδιαφέρον για τις ιδιαιτερότητες της κατασκευής συγκεντρώνεται κυρίως στον πολυσύνθετο χαρακτήρα της τοιχοδομίας. Ο Fourmont επίσης δίνει μια περιγραφή με αρκετή ακρίβεια. Αλλά θα πρέπει να περιμένουμε τις εργασίες της Επιστημονικής Αποστολής του Μορέως για μια εικονογραφημένη αναπαράσταση. Σημειώνονται δεύτερες χρήσεις (τμήματα κιόνων και κυρίως μία επιγραφή, που ο Fourmont είχε καυχηθεί ότι αποτοίχισε, αλλά την είδαν και άλλοι μετά από αυτόν και σήμερα ακόμα βρίσκεται στη θέση της). Μερικές φορές αναφέρεται κι ένα εξωκκλήσι, ή ερείπια σπιτιών που σχημάτιζαν εκεί κοντά μια μικρή συνοικία : η επισήμανση είναι ξεκάθαρη στον Evliyâ Çelebi, τη συναντάμε και στον de Monceaux. Αλλά στην πραγματικότητα, από έλλειψη χρόνου ή για να μην καταβάλλουν κόπο, οι περισσότεροι επισκέπτες αρκέστηκαν να κυττάζουν το κάστρο της Λάρισας από την πεδιάδα, απ'όπου κάνει μεγάλη εντύπωση.

**Το θέατρο** τράβηξε κι αυτό εξίσου την προσοχή. Δεν είναι δυνατόν από αυτή τη θέση να αναφερθούν λεπτομερώς τα όσα λέγουν οι διάφοροι επισκέπτες. Αυτό που βλέπουν είναι ένα σύνολο εδωλίων λαξευμένων στο βράχο, καλά διατηρημένων κατά γενική ομολογία : τρεις μόνο ταξιδιώτες έχουν αντίθετη γνώμη και τα θεωρούν φθαρμένα. Αλλά δεν είναι εύκολο να εξετασθούν προσεκτικά, και από τη στιγμή που επιχειρείται το μέτρημα των σειρών των εδωλίων, οι αριθμοί ποικίλλουν μέχρι και το διπλάσιο. Υπάρχουν γι'αυτό δύο λόγοι : αφενός η στάθμη της επιχωμάτωσης της ορχήστρας μπορεί να μεταβλήθηκε με τον καιρό · αφετέρου τα υψηλότερα εδώλια δεν διακρίνονται καθαρά. Ο Alexandre Bertrand το εξηγεί καλά, όταν προσπαθεί να βρει την αιτία των διαφορών του με τον Leake : « το έδαφος υπερυψώθηκε [γράφει 50 περίπου χρόνια αργότερα] και σκέπασε τις κάτω σειρές εδωλίων · οι επάνω σειρές φαίνονται φθαρμένες και συγχέονται με την ενιαία επιφάνεια του βράχου ». Αλλά οι αποχωματώσεις που έγιναν με διαταγή του Καποδίστρια, για να προετοιμασθεί η συγκέντρωση της Εθνοσυνέλευσης της 15ης Ιουλίου 1829, δεν είχαν αισθητές επιπτώσεις στους αριθμούς που έδωσαν οι επισκέπτες. Όμως και η κάτοψη εμφανίζει προβλήματα. Είναι ημικυκλική, το παραδέχονται όλοι · δύσκολα όμως καταλαβαίνει κανείς πώς κατέληγαν τα εδώλια στις άκρες. Ένας από τους σαφέστερους είναι ο Jourdain, που αναφέρει : « δεξιά και αριστερά, εδώλια που έχουν αποσπασθεί από το αμφιθέατρο και όπου τοποθετούσαν πιθανώς τη φρουρά που εξασφάλιζε την τάξη στη διάρκεια των αγώνων ή των λαϊκών συνελεύσεων ». Ας του αφήσουμε την ευθύνη αυτής της ερμηνείας · η παρατήρηση πάντως είναι σωστή, υπήρχαν πράγματι πρόσθετα εδώλια στις άκρες αυτών που ήσαν λαξευμένα στο βράχο. Μόνον ο Breton περιγράφει με ακρίβεια τη διαμόρφωση του κοίλου. Αλλά ο Jourdain βλέπει σ'αυτό « τη θέση που προορίζεται για τους επισήμους και που θα κατελάμβαναν οι ρήτορες ». Αλλά, επειδή η προεδρία και η αυτοκρατορική εξέδρα αποκαλύφθηκαν μόνο στα τέλη του αιώνα, αναρωτιέται κανείς τι είδε. Για τα άλλα μέρη του θεάτρου δεν μπορεί να λεχθεί τίποτα. Οι αβεβαιότητες της κάτοψης καθιστούν μάταιους τους λεπτομερείς υπολογισμούς των μεν και των δε για την εκτίμηση της χωρητικότητας. Την πιο ενδιαφέρουσα περιγραφή δίνει, πάντως, η εργασία της Αποστολής του Μορέως : αποτέλεσε τη βάση για τις μεταγενέστερες μελέτες.

Στην περιοχή του θεάτρου, **το ωδείο** και **το θέατρο με τις ευθύγραμμες σειρές εδωλίων** δεν ταυτίστηκαν εύκολα : απεικονίζονται καθαρά μόνο στο σχέδιο του Sebastiano Ittar, που εργαζόταν για το λόρδο Elgin. Τις περισσότερες φορές συγχέονται με το θέατρο. Έτσι, ο Alexandre Bertrand ομολογεί την αδυναμία του : «Δεν ξέρω τι να πω για τις τριάντα δύο σειρές ευθύγραμμων εδωλίων δίπλα στο θέατρο, που μοιάζουν σαν προέκταση της ορχήστρας προς τα δυτικά». Πιστεύει ότι είναι νεώτερα, γιατί «με μεγάλη δυσκολία θα έβλεπαν από κει τη σκηνή οι θεατές». Έστω και αν γίνεται αντιληπτή η ανεξαρτησία των δύο συγκροτημάτων, η διάκριση μεταξύ του κλασικού θεάτρου με τις ευθύγραμμες σειρές εδωλίων και του ρωμαϊκού ωδείου δεν είναι ξεκάθαρη. Τα μνημεία αυτά δεν τα παρατήρησαν καλά επειδή δεν τα κατάλαβαν καλά.

**Οι θέρμες** δεν κατέρρευσαν ποτέ, και πολύ συχνά τις πρόσεξαν και τις σχεδίασαν. Από την αρχή οι περιγραφές συμφωνούν με αυτό που μπορεί κανείς να δει σήμερα. Από το 1669 ο M. de Monceaux σημειώνει «ένα πλινθόκτιστο κτίσμα, δύο τοίχους και το βάθος που κατέληγε σε ημισέληνο και εξωτερικά σε αέτωμα». Αυτό το χαρακτηριστικό της κάτοψης το παρατηρούν όλοι. Η μελέτη του συστήματος στέγασης είναι κι αυτή συνηθισμένη : ο de Monceaux είδε το διπλό σύστημα, με καμάρα εσωτερικά και δίρριχτη στέγη εξωτερικά, ενώ ο Foucherot, το 1780, ενδιαφέρεται περισσότερο για την καμάρα «που είναι διακοσμημένη με φατνώματα, από τα οποία μένει μόνο το περίβλημα από κονίαμα που τα περιέκλειε». Η μεγάλη διαφορά σε σχέση με τη σημερινή κατάσταση είναι «ένα τμήμα πλινθόκτιστου τοίχου και στο έδαφος ένας μικρός τετραγωνικός χώρος, από τη μια πλευρά του οποίου αναβλύζει, μέσα από ένα αυλάκι, μια μικρή πηγή, που καταλήγει σε έναν αγωγό ανοιγμένο από την άλλη πλευρά». Αυτές οι μαρτυρίες είναι μοναδικές· ο πλινθόκτιστος τοίχος έχει εξαφανισθεί. Τον σχεδίασαν ο Fauvel και ο Cassas και, σύμφωνα με την ανθρώπινη κλίμακα που δίνει ο Fauvel, πρέπει να είχε ύψος 5 ως 6 μ. Μπορεί ο αποχετευτικός αγωγός, για τον οποίο μιλάει ο Foucherot, να είναι το βόρειο υπόγειο κτίσμα των θερμών, που είχε επισημανθεί από το 1812. Είχε τότε πρόσβαση από μια τούρκικη κατοικία, που δεν υπήρχε πια όταν, το 1845, ο Du Moncel απεικόνιζε την είσοδο. Οι δύο αυτές εξαφανίσεις μπορεί να οφείλονται στις ταραχές της περιόδου της Επανάστασης : τα ερείπια του κτηρίου που σχεδίασε η Επιστημονική Αποστολή του Μορέως είναι όπως τα γνωρίζουμε σήμερα. Εκείνο όμως που κυρίως παρουσιάζει διαφορές είναι οι απόψεις ως προς την ερμηνεία τους. Συνήθως θέλουν να τα ταυτίσουν με ένα ναό (διαφέρει μόνο η θεότητα), για να συμπέσει οπωσδήποτε ο Παυσανίας με την πραγματικότητα. Άλλοι βλέπουν μια χριστιανική εκκλησία ή μια βασιλική. Άλλοι, τέλος, αναφέρουν το ανάκτορο της Ελένης (Pellegrin) ή του Αγαμέμνονα (Chateaubriand, Poujoulat) : σε όλα αυτά διακρίνονται τα ίχνη παραδόσεων που διαδίδουν οι Αργίτες ξεναγοί και οι οποίες ενισχύονται από την ντόπια ονομασία «παλαιός-τεκκές». Προτάθηκαν και άλλες ερμηνείες : γυμνάσιο (Fourmont), δικαστήριο (Fauvel, Giraudeau de Saint Gervais), γνώμη που ενισχύεται και από την ταύτιση των υπογείων με τη φυλακή της Δανάης, ενώ άλλοι βλέπουν αποχετευτικές εγκαταστάσεις. Είναι, ωστόσο, σαφές ότι μόνον η ανασκαφή κατάφερε να δώσει μια ασφαλή ερμηνεία, επειδή, η σπουδή να ταυτισθεί πάση θυσία αυτό που ήταν γνωστό από τα κείμενα με αυτό που έβλεπαν, παρέσυρε σε λανθασμένες ερμηνείες.

Ένα άλλο μνημείο που δεν περνάει απαρατήρητο είναι, πάνω στην πλαγιά της Λάρισας, **το ρωμαϊκό νυμφαίο** με το υδραγωγείο του και το άνδηρο που βρίσκεται μπροστά. Ήδη από το 1669 το πρόσεξε ο M. de Monceaux, που το περιγράφει λεπτομερώς, και αργότερα ο Foucherot, που αναφέρει το υδραγωγείο. Θα πίστευε κανείς ότι η ερμηνεία ήταν πια δεδομένη. Αλλά ο Άγγλος Clarke, στα 1801, το ερμηνεύει ως μαντείο, και αυτή η υπόθεση, όσο και αν είναι παράλογη, επαναλαμβάνεται κατά περιόδους μέχρι το τέλος του αιώνα. Το άνδηρο που βρίσκεται μπροστά, με τον ωραίο πολυγωνικό αναλημματικό του τοίχο (είναι κρίμα που τον καλύπτουν σύγχρονες κατασκευές), τράβηξε κι αυτό νωρίς την προσοχή : ο de Monceaux και ο Foucherot το αναφέρουν. Αλλά την ακριβέστερη καταγραφή αυτών των λειψάνων οφείλουμε στα μέλη της Αποστολής του Μορέως, περισσότερο στα σχέδια παρά στο κείμενό τους (τι γυρεύουν εδώ τα υπόγεια του Fourmont ή η φυλακή της Δανάης ;).

Και **άλλα ερείπια** του Άργους, που δεν είναι πάντοτε εύκολο να ταυτιστούν ή να εντοπισθούν, έχουν περιγραφεί ή σχεδιαστεί. Ας αφήσουμε όσα σκόρπισε ο Fourmont πάνω στα σχέδιά του. Δύο από αυτά είναι αξιοσημείωτα : το τμήμα του υδραγωγείου στην πλαγιά της Λάρισας, γνωστό σε μεγάλο μήκος, που τροφοδοτούσε το νυμφαίο — το είδε και το σχεδίασε ο Fourmont, το καλύτερο όμως σωζόμενο σχέδιο είναι του Papety. Το νερό ερχόταν από το χωριό Επάνω Μπέλεσι. Ένα άλλο μνημείο που μας δυσκολεύει είναι εκείνο που περιγράφει ο de Monceaux ως αψίδα θριάμβου· είναι ίσως το ίδιο με αυτό που περιγράφει ο Mirabal. Παρά την ιδιότυπη ορολογία του, ο Mirabal αναφέρει ένα τετράπυλο. Αλλά πού και γιατί ; Ας αναφέρουμε επίσης το πλινθόκτιστο μνημείο με τετράγωνη κάτοψη, που αποτύπωσε η Αποστολή του Μορέως στο δρόμο της Τρίπολης : πρόκειται ίσως για ταφικό μνημείο, αλλά έχει εξαφανισθεί.

**Η σύγχρονη πόλη** αναφέρεται συχνά, θα περιορισθούμε μόνο στον προσδιορισμό των γενικών χαρακτηριστικών της. Κατ'αρχήν η πολεοδομία. Η θέση της παρέμεινε πάντοτε η ίδια, στους πρόποδες της Λάρισας, στα βόρεια της αρχαίας ζώνης όπως την ορίζουν το θέατρο και οι θέρμες — ζώνη όπου επεκτάθηκε μόνο μετά την άφιξη των προσφύγων από τη Μικρά Ασία. Αυτό που κάνει πάντοτε εντύπωση σε όλους τους επισκέπτες, παρά τις μεταβολές της πόλης, είναι ο αραιοκατοικημένος, για να μην πούμε αγροτικός, χαρακτήρας της. Γίνεται συνεχώς λόγος για ένα συνδυασμό πόλης και κήπων, για έναν οικισμό διασκορπισμένο, «σε συστάδες» καθώς λέει ο Fourmont, όπως δείχνει και στα σχέδιά του. Δυόμισυ αιώνες αργότερα, ο Gustave Larroumet επαναλαμβάνει τα ίδια και μιλάει για μία πόλη «σε τρία τμήματα». Δρόμοι εμφανίζονται μόνο στις αρχές του 19ου αιώνα, και οι καταστροφές της εποχής του αγώνα για την Ανεξαρτησία δεν άλλαξαν εμφανώς τίποτα : ο Bory de Saint Vincent μιλάει ακόμα για μια «μεγάλη κωμόπολη», που την αποτελούσαν «τρεις ή τέσσερεις δρόμοι με άσπρες καλύβες, τριγυρισμένες από ατέλειωτα περιβόλια». Αν τα επόμενα χρόνια μιλούν για αναγέννηση, στην πραγματικότητα καταλήγουν στο ίδιο συμπέρασμα. Η πόλη φαίνεται να αναγεννήθηκε από τα ερείπιά της μέσα σε δεκαπέντε χρόνια. Αλλά στα τέλη του αιώνα ο Bernard μιλάει ακόμη για «έναν οικισμό με λεύκες, μικρά περιβόλια, πλινθόκτιστους τοίχους». Το Άργος απλώθηκε πάντα με άνεση, αφήνοντας στον καθένα τον κήπο του, με πολλαπλούς ελεύθερους χώρους, με ένα κέντρο που διαμορφώθηκε πολύ αργότερα.

Τα μνημεία της πόλης είναι κυρίως θρησκευτικά : τζαμιά κι εκκλησίες. Τα τζαμιά — αυτό του κέντρου με τον μεντρεσέ του, που καταστράφηκε από την αρχή της επανάστασης και εκείνο στα ΝΑ που σώζεται χωρίς το μιναρέ στην εκκλησία του Αγ. Κωνσταντίνου — είναι γνωστά κυρίως από τα σχέδια του Cockerell. Από τις εκκλησίες που μνημονεύουν οι επισκέπτες, δύο κυρίως αποτελούν σταθερά σημεία αναφοράς : το μοναστήρι στην πλαγιά της Λάρισας, που έχει πολλές φορές σχεδιαστεί και αναφερθεί, αλλά ποτέ δεν έχει περιγραφεί, και η εκκλησία της Θεοτόκου στο νότιο κοιμητήριο, στη θέση όπου ο Fourmont τοποθετεί «τους κήπους του αρχιεπισκόπου» και την οποία απεικόνισε τόσο καλά ο Rey. Εκτός από αυτές, η εκκλησία του Αγίου Ιωάννη του Προδρόμου, που άρχισε να κτίζεται το 1822 και καθιερώθηκε στις 29 Αυγούστου 1829, καθώς και η εκκλησία του Αγίου Πέτρου, κτισμένη μεταξύ 1859 και 1865, είναι εκείνες που συναντάει κανείς συχνότερα.

Από τα άλλα κτήρια υπολείπεται μόνο να αναφερθεί ο στρατώνας που έκτισε ο Καποδίστριας και βρέθηκε στην καρδιά της αιματηρής σύγκρουσης στο Άργος μεταξύ Ελλήνων και Γάλλων τον Ιανουάριο του 1833. Θύμα πυρκαϊάς το Μάιο του ίδιου χρόνου, περιγράφεται πολλές φορές και εικονίζεται στο σχέδιο του Papety. Το 1856 τον χρησιμοποιούσαν οι χωροφύλακες. Ήταν ένα από τα μνημειώδη κτήρια της πόλης, πριν κτισθεί η αγορά το 1889. Δεν αναφέρεται τίποτα άλλο μέσα στην πόλη του Άργους : γίνεται μνεία του Δημαρχείου επειδή εκεί στεγάζεται το Μουσείο, και τα σχολεία αναφέρονται χωρίς να γίνεται λόγος για την αρχιτεκτονική τους. Τα μόνα άλλα αξιόλογα οικοδομήματα είναι μερικές κατοικίες : και πρώτα απ'όλα η οικία Καλλέργη, η παλιά πτέρυγα του σημερινού Μουσείου· κατόπιν η οικία Τσώκρη, όπου βρίσκεται εντοιχισμένο το ανάγλυφο της Τελεσίλλας· τέλος, μερικές άλλες, όπως πολύ σύντομα η οικία Γκόρντον. Εάν αναφέρονται από τους ταξιδιώτες, είναι κυρίως επειδή στο Άργος για καιρό δεν υπήρχε τρόπος να φιλοξενηθούν : έπρεπε να διανυκτερεύσουν σε σπίτι της πόλης ή σε καφενείο. Μόνο προς το τέλος του αιώνα γίνεται λόγος για ξενοδοχεία και μόνο για να σημειωθεί η ύπαρξή τους. Εξάλλου, αυτή την εποχή δεν χρησίμευαν και τόσο : ερχόταν κανείς στο Άργος από το Ναύπλιο σε μονοήμερη εκδρομή.

# ΑΠΟΨΕΙΣ ΚΑΙ ΠΕΡΙΓΡΑΦΕΣ

## I. Το ταξίδι των Michel και Claude-Louis Fourmont το 1729

Ο Michel Fourmont (1690-1746) έγινε καθηγητής της συριακής γλώσσας στο Collège Royal (μετέπειτα Collège de France) και στη συνέχεια αποσπάσθηκε στην Bibliothèque du Roi (μετέπειτα Bibliothèque Nationale)· πραγματοποίησε ένα ταξίδι στην Ελλάδα από τις 8 Φεβρουαρίου 1729 έως τις 23 Ιουνίου 1730, συνοδευόμενος από τον ανεψιό του Claude-Louis Fourmont. Η αποστολή του ήταν να αναζητήσει και, ενδεχομένως, να αποκτήσει, ελληνικά χειρόγραφα για τις βασιλικές συλλογές. Βρήκε κυρίως επιγραφές για τις οποίες ενδιαφέρθηκε περισσότερο απ'όσο επιθυμούσαν οι αρχές που του είχαν αναθέσει την αποστολή. Αυτό έγινε αιτία σοβαρών παρεξηγήσεων και ο Fourmont προσπάθησε αδέξια να προβληθεί και να υπογραμμίσει τη σπουδαιότητα των ανακαλύψεών του, για να δικαιολογήσει τα έξοδά του. Είναι δύσκολο να προσδιορίσουμε πότε ακριβώς επισκέφθηκε το Άργος, πιθανότατα όμως το Νοέμβριο του 1729. Το ταξιδιωτικό του ημερολόγιο (που φυλάσσεται στο τμήμα χειρογράφων της Bibliothèque Nationale) είναι ανέκδοτο και αποτελείται από μια συνεχή αφήγηση, μέτριας ποιότητας, πολύ απλοϊκή και αδέξια, που οφείλεται μάλλον στον Claude-Louis Fourmont, ο οποίος κρατούσε σημειώσεις καθ'υπαγόρευση, γεγονός που εξηγεί τις παραδρομές (χειρόγραφο *Nouvelles acquisitions françaises* 1892, 175$^{v}$-190$^{v}$)· περιέχει επίσης σκόρπιες σημειώσεις, τις οποίες πρέπει να κράτησαν επί τόπου, καθώς και επιμέρους εκθέσεις του Michel Fourmont, που αποτέλεσαν τη βάση της αφήγησης (το χειρόγραφο που χρησιμοποιείται κυρίως για την έκθεση είναι το *Supplément grec* 930, 47$^{v}$-50)· τέλος πρόχειρα σχέδια, που έγιναν ασφαλώς επί τόπου και αργότερα καθαρογράφτηκαν — τουλάχιστον μερικά από αυτά — μετά από την επιστροφή των περιηγητών στο Παρίσι. Αυτό το υλικό ήταν γνωστό ήδη από τα μέσα του 18ου αι., αφού τμήμα του χρησιμοποιείται στο *Recueil d'Antiquités* του Caylus (1764). Παρά την αδεξιότητα και, μερικές φορές, την απλοϊκότητά τους, οι μαρτυρίες αυτές δείχνουν ότι ο περιηγητής αξίζει περισσότερο από την κακή του φήμη, η οποία οφείλεται κυρίως στην επιμονή του να δικαιολογηθεί και να εξηγήσει γιατί έκανε άλλη δουλειά από αυτήν που του είχε ανατεθεί. Ανακοίνωσε την ανακάλυψη 30-40 επιγραφών στο Άργος : στο corpus υπάρχουν 36, για τις οποίες γνωρίζουμε μια δική του αντιγραφή. Με την ευκαιρία αυτή βλέπουμε πώς καυχόταν : σε μια επιστολή προς τον αββά Jean-Paul Bignon, υπεύθυνο της Bibliothèque du Roi, γράφει : «Γκρέμισα έναν ακόμα πύργο αυτής της ακρόπολης [πρόκειται για το κάστρο της Λάρισας] για να αποσπάσω μια πολύ παλιά επιγραφή» · σύμφωνα με τους λογαριασμούς του στην εργασία αυτή είχαν απασχοληθεί έξη άνδρες επί τέσσερεις μέρες και το κόστος ήταν 5 γρόσια. Η επιγραφή αυτή όμως (*IG* IV 614) βρίσκεται ακόμα στη θέση της, εντοιχισμένη στα ερείπια του κάστρου. Ο Fourmont δεν είναι λοιπόν ούτε παραχαράκτης, ούτε βάνδαλος, απλά λίγο καυχησιάρης και αρκετά αφελής.

Παρά τις ανεπάρκειές τους, τούτες οι μαρτυρίες είναι σημαντικές για μας, επειδή είναι από τις πρώτες όπου το Άργος δεν αναφέρεται μόνο υπαινικτικά και όπου υπάρχουν σχέδια. Είναι γνωστά δύο μόνο προηγούμενα σχέδια ενετικής προέλευσης, πιθανώς του μηχανικού F. Vandeÿk, ο οποίος εργάστηκε γύρω στο 1700.

**1.** FOURMONT (Michel), [Άποψη του Άργους].

Παρίσι, Bibliothèque Nationale. Χειρόγραφα Suppl. gr. 854 f° 313. 220 × 157 χιλ. Επιχρωματισμένο με πράσινο (φυλλώματα), ρόδινο (κτίσματα και τοίχοι, ορισμένοι μικροί δρόμοι) και κίτρινο (μεγάλοι δρόμοι). Ο τίτλος της εικόνας δεν έχει βρεθεί, γνωρίζουμε όμως από μια περιγραφή του συγγραφέα ότι ο αριθμός 8 αντιστοιχεί στις θέρμες του θεάτρου.

Υπόμνημα του επεξηγηματικού σκαριφήματος, εν μέρει από τον Fourmont : 1. Η Ακρόπολη. 2. Το μοναστήρι του Αγίου Δημητρίου. 3. [Αγία Μαρίνα ;]. 4, 5. [Λατρευτικά μνημεία που δεν έχουν ταυτιστεί]. 6. Υπόγεια. [7]. Οι κήποι του Αρχιεπισκόπου. 8. [Οι θέρμες, που ο Fourmont ταυτίζει με το Γυμνάσιο του Κυλάραβη].

Με τους λατινικούς αριθμούς επισημαίνονται ερείπια, για τα οποία ο Fourmont δεν αναφέρει τίποτα : I, II, III, IV, πρόκειται μάλλον για αρχαία ερείπια · V, πιθανώς ένα λουτρό · VI, τζαμί στα νοτιοανατολικά · VIII, τζαμί στο κέντρο της πόλης.

Τα γράμματα αναφέρονται στις συνοικίες της πόλης.

Η άποψη που ο Fourmont σχεδίασε στο Άργος είναι γνωστή από πέντε παραλλαγές λίγο διαφορετικές. Αυτό το σχέδιο είναι πιθανώς το πρωτότυπο : διαφέρει από τη διάταξη των παραπομπών του υπομνήματος και είναι το μόνο που αναφέρει τον αριθμό 8 για τα ερείπια των θερμών του θεάτρου, σύμφωνα με την αφήγηση του συγγραφέα. Διαστάσεις σχετικά μικρές, εκτέλεση μάλλον βιαστική, ανολοκλήρωτο : τίποτα στο σχέδιο αυτό δεν αντιτίθεται στην προτεινόμενη ερμηνεία.

**2.** [M. Fourmont], Topographia urbis Argos et viciniae.

Παρίσι, Bibliothèque Nationale. Χειρόγραφα Fonds français 22878 f° 15. Επιχρωματισμένο με κίτρινο (δρόμοι) και πράσινο (κήποι).

Υπόμνημα του συγγραφέα : 1. Δρόμος προς τις Μυκήνες. 2. Η πόλη. 3. Η Ακρόπολη. 4. Το μοναστήρι του Αγίου Δημητρίου. 5. Υπόγεια. 6. Αρχαίο κτήριο. 7. Οι κήποι του Αρχιεπισκόπου.

Το σχέδιο αυτό, που παρουσιάζει μια πιστότερη απόδοση της καμάρας των θερμών, μια λογική χρήση των σκιών, μια ανάγλυφη εικόνα του τοπίου, προϋποθέτει την παρέμβαση ενός επαγγελματία πιο επιδέξιου από τον Fourmont, υπό την καθοδήγηση, ίσως, κάποιου από τους δύο ταξιδιώτες.

Αυτά τα μέτρια και δίχως προοπτική σχέδια μας δίνουν αρκετές πληροφορίες. Αρχικά, πόσο εκτεταμένη και διάσπαρτη ήταν η πόλη του Άργους. Ο Fourmont σημειώνει : «η πόλη αυτή σήμερα είναι σχεδόν κατεστραμμένη. Απομένουν ακόμα μερικές συστάδες σπιτιών, που κατοικούνται από Αλβανούς»· και αλλού, κάπως αντιφατικά : «Σήμερα είναι μία από τις σημαντικότερες [πόλεις της Πελοποννήσου]· την απαρτίζουν πάνω από 600 εστίες, που δεν βρίσκονται η μια κοντά στην άλλη αλλά είναι διάσπαρτες κατά ομάδες· καταλαμβάνουν μεγάλη έκταση». Αξιοσημείωτη είναι επίσης η σημασία και η θέση των δύο τζαμιών VI και VIII. Ο Fourmont τα επισημαίνει δίχως καμία λεπτομέρεια και αναφέρει επίσης 30 εκκλησίες «μισοκατεστραμμένες και κακοκτισμένες», «οι περισσότερες είναι ερειπωμένες»· του κόστισε 2 γρόσια για να τις επισκεφθεί, χωρίς να υπολογίσει τους 20 παράδες που έδωσε «σ'αυτόν που μας οδήγησε στην εκκλησία της Αγίας Μαρίνας, όπου υπάρχουν επιγραφές». Το μοναστήρι στη βόρεια πλαγιά της Λάρισας, καθώς και μερικά άλλα αναφέρονται πάντοτε. Δεν είναι εύκολο όμως να ταυτιστεί το γυναικείο μοναστήρι που αναφέρει : «αυτές οι μοναχές», γράφει, «μου έδειξαν τη βιβλιοθήκη τους, η οποία είναι πλούσια γι'αυτόν εδώ τον τόπο, όπου όμως δεν βρήκα κανένα σπάνιο βιβλίο»· η επίσκεψη αυτή του στοίχισε 2 γρόσια. Αναφέρεται επίσης ένα μοναστήρι ανδρών στην πεδιάδα, που επισκέφθηκε για 2 γρόσια και 20 παράδες. Δυστυχώς δεν υπάρχουν λεπτομέρειες για τους κήπους του Αρχιεπισκόπου, που φαίνεται ότι βρίσκονταν στο χώρο της σημερινής εκκλησίας της Θεοτόκου στο νότιο κοιμητήριο : δεν γίνεται καθόλου λόγος στα οριστικά κείμενα. Οι λογαριασμοί αναφέρουν απλά «τον κηπουρό του μουφτή της Νάπολης [Ναυπλίου], που φροντίζει το σπίτι του αρχιεπισκόπου του Άργους», στον οποίο πλήρωσε ένα γρόσι, άγνωστο για ποιο λόγο. Ο αρχιεπίσκοπος αναφέρεται στην αφήγηση μόνο για τα πλούτη και την πολυτελή του εμφάνιση κατά τις επισκέψεις του.

Όσον αφορά τις αρχαιότητες, αξίζει να σημειωθεί η παρουσία πολλών ερειπίων, πιθανότατα αρχαίων, σε διάφορα σημεία της πόλης, τα οποία όμως είναι αδύνατο να εντοπίσουμε. Οι αφηγήσεις ασχολούνται κυρίως με τις θέρμες, τις οποίες ταυτίζουν με το θέατρο : «το κτήριο που οι Αργείοι ονομάζουν θέατρο, κρίνοντας απ'ότι απομένει, δεν ήταν από τα ωραιότερα· ήταν κτισμένο με κοινές πέτρες». Οι διαστάσεις είναι οι ακόλουθες : «στο εσωτερικό μετρήσαμε μόνο 32 βασιλικά πόδια (10 μ περίπου, δηλαδή το πλάτος της κύριας αίθουσας των θερμών)· οι τοίχοι που σώζονται δεν έχουν πάχος μεγαλύτερο από δυόμισυ πόδια και ύψος 22 πόδια». Το ταυτίζει με το γυμνάσιο του Κυλάραβη και η άποψή του ενισχύεται επειδή ανακάλυψε «πηγαίνοντας προς τα νότια, μια τοποθεσία μεταξύ δύο λόφων, που μπορούσε να είχε χρησιμεύσει σαν θέατρο, αλλά είχαν αφαιρεθεί οι σειρές εδωλίων, που ήταν από μάρμαρο» : πρόκειται μάλλον για το θέατρο, με λανθασμένο προσανατολισμό, και όχι για το θέατρο με τις ευθύγραμμες σειρές εδωλίων. Γίνεται επίσης λόγος για μια δεξαμενή που βρισκόταν βόρεια των θερμών : το νυμφαίο της Λάρισας; Δεν το περιγράφει λεπτομερέστερα.

Σε σχέση με τις θέρμες τοποθετείται το άνοιγμα ενός υπόγειου κτίσματος, η περιγραφή του οποίου εμπνέει σοβαρές αμφιβολίες, και που μάταια αναζήτησαν εκατό χρόνια αργότερα τα μέλη της Αποστολής του Μορέως : «πηγαίνοντας κατά το νοτιά (σε άλλο σημείο "στους πρόποδες της Λάρισας από τη νοτιοανατολική πλευρά"), 200 βήματα πιο μακρυά (δηλαδή πάνω από 160 μ) διακρίνει κανείς δεξιά το άνοιγμα των υπογείων. Αυτό το άνοιγμα βρίσκεται στη ρίζα του βράχου, πάνω στον οποίο έχει κτιστεί το κάστρο». Το θεωρεί ως λατομείο και αναφέρει στους λογαριασμούς του «γι'αυτόν που μας οδήγησε στα λατομεία του Άργους, 20 παράδες». Αλλά στην αφήγηση βρίσκουμε μια πολύ πιο μυθιστορηματική περιγραφή. «Ο Παυσανίας αναφέρει ότι κατασκευάστηκαν σκοπίμως και διαβεβαιώνει ότι ο Ακρίσιος έδωσε εντολή να κτιστούν για να φυλακίσει εκεί μέσα την κόρη του Δανάη. Παρατηρώντας τα όμως προσεκτικά διακρίνουμε ότι δεν πρόκειται παρά για ένα λατομείο, το οποίο κατέσκαπταν όσο είχαν ανάγκη από πέτρες για να κτίσουν αυτή την πόλη. Είναι υπερβολικά βαθύ για να πιστέψουμε ότι εκείνος ο Βασιλιάς διέταξε κάποτε να τό σκάψουν για το σκοπό αυτό. Και αν από τότε οι Αργείοι πίστεψαν ότι ήταν η φυλακή της πριγκίπισσας, οφείλεται στην ιδέα που είχαν για τη σκληρότητα αυτού του πρίγκιπα· δεν μπορούσαν να φανταστούν έναν πιο τρομακτικό χώρο για να τονίσουν ακόμα περισσότερο την ωμότητά του.

Διότι όχι μόνο δεν μπαίνει καθόλου φως, αλλά ακόμα και ο αέρας είναι ανθυγιεινός· είναι πολύ δύσκολο να φτάσει κανείς στην άκρη και η δίοδος σε πολλά σημεία είναι στενή και χαμηλή. Υπάρχουν σε τούτο το υπόγειο υποτυπώδη δωμάτια διαμορφωμένα και στις δύο πλευρές, αλλά ποτέ το ένα απέναντι στο άλλο· ο αέρας που υπάρχει εκεί μέσα είναι τόσο βαρύς και ταυτόχρονα τόσο κρύος, που προκαλεί δύσπνοια. Ένα από τα δωμάτια είναι μάλλον αυτό που αναφέρει ο Παυσανίας ως τάφο του βασιλιά του Άργους Κροτώπου. [...] Εκείνο που φαίνεται πιθανότερο να είχε χρησιμοποιηθεί για το σκοπό αυτό είναι το πέμπτο αριστερά, το μικρότερο όλων. Ο ναός του Κρησίου Διονύσου θα πρέπει να ήταν το δεύτερο δεξιά, το μεγαλύτερο και ψηλότερο· το παγωμένο νερό που πέφτει από το βράχο θα μπορούσε να είχε προσελκύσει τους πιστούς του θεού περισσότερο απ'όσο τα υπόλοιπα... Το υπόγειο αυτό κτίσμα δεν είναι λαξευμένο σε ευθεία γραμμή σε όλο του το μήκος, η είσοδός του είναι στο Νότο και συνεχίζει σχετικά ευθύγραμμα προς Βορρά μέχρι το έκτο δωμάτιο· στο σημείο αυτό κάμπτεται προς τα ανατολικά σα να κατευθύνεται κάτω από το κάστρο της Λάρισας μέχρι το δωδέκατο δωμάτιο, που είναι το τελευταίο· κάμπτεται και πάλι προς το Βορρά, από κει προς την Ανατολή, και πάντα με τον ίδιο τρόπο ώς το βάθος, που προχωρά πέρα από το κάστρο της Λάρισας. Αν δεν λάβουμε υπόψη τις καμπές και υποθέσουμε ότι προχωρά ευθεία από το Νότο προς το Βορρά, το μήκος του είναι τρεις χιλιάδες κανονικά βήματα [δηλαδή περίπου 2,5 χλμ]· ο βράχος είναι παντού ο ίδιος, μαυριδερός, γεμάτος με πυραμιδοειδή κογχύλια, τόσο σκληρός που ήταν πολύ δύσκολο να λειανθεί· ακόμα και το τμήμα του που είναι εκτεθειμένο στον αέρα ίσως εδώ και δύο χιλιάδες χρόνια δεν έχει διαβρωθεί καθόλου, τόσο που οι επιγραφές να είναι ακόμα ακέραιες, σα να τις είχαν μόλις χαράξει» (BN, *Nouvelles acquisitions françaises* 1892, f° 182v-187).

Παρατηρούμε τον τόνο και τη δυσκολία να ξεχωρίσουμε την παρατηρητικότητα, την αόριστη ανάμνηση του Παυσανία και την καθαρή φαντασία μέσα σ'ένα παρόμοιο κείμενο. Παρατηρούμε επίσης, στην πράξη, τον τρόπο με τον οποίο η αλαζονεία οδηγεί στην υπερβολή και κατόπιν στην παραποίηση. Αυτό που λείπει κυρίως από όλες αυτές τις μαρτυρίες είναι το επιστημονικό πνεύμα.

## II. Σχετικά με τον κόμη de Choiseul-Gouffier

Το τελευταίο τέταρτο του 18ου αι. είναι μία περίοδος έντονης δραστηριότητας για τη γνωριμία με την Ελλάδα και τις αρχαιότητές της. Από γαλλικής πλευράς, η προσωπικότητα που εργάσθηκε περισσότερο προς αυτή την κατεύθυνση είναι ο κόμης de Choiseul-Gouffier. Από το 1776, μόλις είκοσι τεσσάρων χρονών, ταξιδεύει στην ανατολική Μεσόγειο, και το 1778 κυκλοφορεί τον πρώτο τόμο του βιβλίου του *Voyage pittoresque de la Grèce* (οι δύο άλλοι τόμοι δημοσιεύονται το 1809 και στη συνέχεια, μετά το θάνατό του, το 1822). Από το 1786 και μέχρι την Επανάσταση του 1789 διατελεί πρεσβευτής της Γαλλίας στην Κωνσταντινούπολη, όπου περιβάλλεται από ένα λαμπρό κύκλο ελληνιστών και ανθρώπων που γνωρίζουν καλά την Ελλάδα. Για να προετοιμάσει τη συνέχεια του έργου του στέλνει το 1780 στην Ελλάδα δύο ταξιδιώτες, οι οποίοι εργάζονταν για λογαριασμό του : το διάσημο συλλέκτη αρχαιοτήτων Louis-François-Sébastien Fauvel (1753-1838), γνωστό αρχικά ως ζωγράφο και σχεδιαστή, ο οποίος το 1803 θα γίνει πρόξενος της Γαλλίας στην Αθήνα, καθώς και το μηχανικό ή αρχιτέκτονα Foucherot (πέθανε το 1813). Οι δύο σύντροφοι πέρασαν από το Άργος στις 10 Οκτωβρίου του 1780. Ο ζωγράφος Louis-François Cassas, που ταξίδευε επίσης για λογαριασμό του Choiseul-Gouffier, πέρασε από το Άργος το 1782.

**3.** FAUVEL (Louis), Ερείπια «της αίθουσας συνεδριάσεων» και του θεάτρου του Άργους (1780).

Παρίσι, Bibliothèque Nationale, Estampes, Gb 15a f° μέγεθος 2, f° 94. 366 × 190 χιλ. · υδροχρωμάτισμα και μολυβδίτης.

Ο λόφος της Λάρισας από νοτιοανατολικά, με τις κυριότερες αρχαιότητες του Άργους · από πάνω δύο συμπληρωματικές απόψεις : αριστερά το νότιο τμήμα του λόφου, που φαίνεται στα αριστερά του κυρίως σχεδίου · δεξιά, το βόρειο τμήμα του λόφου και το ύψωμα του Προφήτη Ηλία (η λεγόμενη Ασπίδα).

1. Κάστρο. 2. Το νυμφαίο της Λάρισας και το άνδηρό του. 3. Σειρές εδωλίων του θεάτρου. 4. Ερείπια των θερμών του θεάτρου (η αίθουσα συνεδριάσεων κατά τον Fauvel). 5. Τμήμα τοίχου, που ανήκει στο ίδιο κτήριο (σήμερα δεν σώζεται) · απεικονίζεται εν μέρει στα αριστερά του κυρίως σχεδίου και στο σύνολό του από πάνω. 6. Λόφος της Λάρισας (στο κυρίως σχέδιο και στις δύο λεπτομέρειες). Στην αριστερή λεπτομέρεια ίσως εικονίζονται τα καθίσματα του θεάτρου με τις ευθύγραμμες σειρές εδωλίων. 7. Λόφος του Προφήτη Ηλία (η λεγόμενη Ασπίδα). 8. Ξωκκλήσι του Προφήτη Ηλία.

Δύο μορφές, στο ερείπιο 4 και στη βάση του τοίχου 5, μας δίνουν την κλίμακα.

Δεν σώζεται το κείμενο του Fauvel που αναφέρεται στο ταξίδι του 1780. Μία επιστολή όμως, του 1810, βοηθάει να προσδιορίσουμε τον τίτλο που είχε δώσει στο σχέδιό του : πρόκειται για το *Κριτήριον* του Παυσανία, το οποίο αναφέρει ως «αίθουσα συνεδριάσεων» και ταυτίζει με τα ερείπια των θερμών. Είναι όμως γνωστό το κείμενο του Foucherot, ο οποίος επισημαίνει το νυμφαίο της Λάρισας και το περιγράφει αρκετά λεπτομερώς, με το υδραγωγείο που το τροφοδοτεί, το άνδηρο μπροστά και το πολυγωνικό του ανάλημμα, το θέατρο και τα ερείπια των θερμών, τα οποία δεν ερμηνεύει : «Στο χαμηλότερο μέρος και σε κάποια απόσταση από αυτά τα εδώλια υπάρχει ακόμα ένα μεγάλο τμήμα πλινθόκτιστου τοίχου, που καταλήγει σε κόγχη και η καμάρα του ήταν διακοσμημένη με φατνώματα, από τα οποία μένει μόνο το περίβλημα από κονίαμα που τα περιέκλειε. Μερικά βήματα πιο μπροστά διακρίνεται ακόμα ένα τμήμα πλινθόκτιστου τοίχου και στο έδαφος ένας μικρός τετραγωνικός χώρος, από τη μια πλευρά του οποίου αναβλύζει, μέσα από ένα αυλάκι, μια μικρή πηγή που καταλήγει σε έναν αγωγό ανοιγμένο από την άλλη πλευρά». Αυτός ο τοίχος (τοίχος 5 στον τίτλο της εικόνας) απεικονίζεται μόνο στα σχέδια του Fauvel και του Cassas, και φαίνεται ότι κατέρρευσε λίγο μετά το πέρασμά τους.

**4.** CASSAS (Louis François), Άποψη ενός πλινθόκτιστου μνημείου στα νότια του Άργους, από ανατολικά (1782).

Παρίσι, Μουσείο του Λούβρου, Cabinet des Dessins RF 4841.68. 460 × 165 χιλ. Μελάνι και υδροχρωμάτισμα σε διαφανές χαρτί.

1. Κάστρο. 2. Νυμφαίο της Λάρισας. 3. Σειρές εδωλίων του θεάτρου. 4. Ερείπια των θερμών του θεάτρου. 5. Τμήμα τοίχου του ίδιου κτηρίου, που δεν σώζεται σήμερα.

Μια ομάδα ιππέων στα κράσπεδα των ερειπίων δίνει την κλίμακα αυτού του σχεδίου, που έγινε το 1782. Τα σπίτια κοντά στο νυμφαίο 2 ορίζουν το νότιο άκρο της πόλης.

**5.** CASSAS (Louis François), α. Ερείπια του Άργους από τα δυτικά [στην πραγματικότητα από τα νότια].

Παρίσι, Μουσείο του Λούβρου, Cabinet des Dessins RF 4841.66. 432 × 155 χιλ. Μελάνι σε διαφανές χαρτί.

1. Ερείπια της αψιδωτής αίθουσας των θερμών του θεάτρου. 2. Τμήμα τοίχου που δεν σώζεται σήμερα, ο ίδιος με τον τοίχο 5 του σχεδίου **4.** 3. Τζαμί στο κέντρο της πόλης. 4. Τζαμί στα νοτιοανατολικά. 5. Το κάστρο Παλαμίδι, που δεσπόζει του Ναυπλίου.

Το τζαμί στα νοτιοανατολικά είναι η παλαιά εκκλησία του Αγίου Κωνσταντίνου, από την οποία λείπει σήμερα ο μιναρές.

β. Άργος, άποψη από ανατολικά [στην πραγματικότητα από βορειοανατολικά].

Παρίσι, Μουσείο του Λούβρου, Cabinet des Dessins RF 4841.67. 452 × 120 χιλ. Μελάνι σε διαφανές χαρτί.

Το επεξηγηματικό σκαρίφημα μας επιτρέπει να μη λάβουμε υπόψη, στο ανώτερο τμήμα του σχεδίου, μια άποψη της Λέρνας άσχετη με το τοπίο του Άργους.

1. Κάστρο. 2. Πόλη. 3. Τζαμί στο κέντρο της πόλης. 4. Τζαμί στα νοτιοανατολικά.

Το σχέδιο είναι αντεστραμμένο, μάλλον από λάθος κατά τη σχεδίαση στο διαφανές χαρτί : για να αποκατασταθεί χρειάζεται ένας καθρέπτης. Αξίζει να σημειωθεί η έκταση της πόλης και το μοναστήρι στη μέση της πλαγιάς της Λάρισας.

## III. Χαρτογράφηση της πεδιάδας του Άργους

Το 18ο αι. οι μόνοι χάρτες που είχαν αποτυπωθεί επί τόπου ήταν κυρίως οι ναυτικοί, επειδή τα ταξίδια ήταν δύσκολα και σπάνια. Για τις περιοχές της ενδοχώρας η χαρτογράφηση ήταν δουλειά γραφείου, με βάση στοιχεία άνισης ποιότητας που συνέλεγαν οι ταξιδιώτες. Από τα παρακάτω παραδείγματα μπορούμε να καταλάβουμε πώς εργάζονταν οι πιο διάσημοι γεωγράφοι της εποχής. Ο Jean-Baptiste Bourguignon d'Anville (1697-1782), σύμφωνα με έναν από τους βιογράφους του, «γνώριζε τη γη δίχως να την έχει δει· δεν είχε σχεδόν ποτέ βγει έξω από το Παρίσι»· τα έργα του, όμως, αποτέλεσμα μιας άψογης κριτικής εργασίας, εντυπωσίαζαν τους αξιωματικούς του Βοναπάρτη, που χρησιμοποιούσαν το χάρτη του για την Αίγυπτο. Μαθητής του ήταν ο Jean-Denis Barbié du Bocage (πέθανε το 1825), ο οποίος ταξινόμησε τη συλλογή που κληρονόμησε από το δάσκαλό του, με τον οποίο μοιραζόταν το πάθος για την Αρχαιότητα. Εργαζόταν κατά τον ίδιο τρόπο, στο γραφείο, και κατανάλωσε πολύ χρόνο για να ολοκληρώσει την *Description topographique et historique de la plaine d'Argos, avec cartes et figures*, που δημοσιεύτηκε μετά θάνατον το 1834, όταν τα αποτελέσματα της Αποστολής του Μορέως ακύρωσαν τα σχέδια του έργου, έτσι ώστε να μην εκδοθούν ποτέ. Στην πραγματικότητα, ο πρώτος χάρτης που αποτυπώθηκε επί τόπου από ειδικούς οφείλεται στην Επιστημονική Αποστολή του Μορέως : το απόσπασμα που ακολουθεί δείχνει το μέγεθος της διαφοράς.

**6.** FOURMONT (Michel), [Χάρτης της πεδιάδας του Άργους] (1729).

Παρίσι, Bibliothèque Nationale. Χειρόγραφα Suppl. gr. 856 f° 79. Μελάνι σε χαρτί, 350 × 230 χιλ.

Αποτυπώθηκε το 1729, σε μια εποχή που υπήρχαν μόνο ναυτικοί χάρτες για τις περιοχές αυτές. Έχει ανακρίβειες ως προς τη γραμμή των ακτών και τη θέση των ποταμών (ο Ίναχος και ο Χάραδρος κυλούν στην πραγματικότητα στα βόρεια και τα ανατολικά του Άργους). Το κύριο ενδιαφέρον του είναι ότι σημειώνονται οι θέσεις των μνημείων που είδε και περιέγραψε ο Fourmont, όπως ο ναός του Ποσειδώνος Προκλυστίου και αυτός του Διονύσου. Πρόκειται πιθανώς για την αρχική μορφή αυτού του χάρτη, που έγινε επί τόπου. Αξίζει να σημειωθεί η ανάμιξη της ελληνικής και γαλλικής γλώσσας στις ενδείξεις των τοπωνυμίων : ο Fourmont ακολουθεί την ίδια μέθοδο και σε άλλες περιπτώσεις.

Σύμφωνα με το χειρόγραφο κείμενο, η έκταση της πεδιάδας είναι 4 λεύγες ανατολικά-δυτικά και 3 βόρεια-νότια· είναι εύφορη και «παράγει όλα τα είδη δημητριακών, τα οποία εμπορεύονται με τους ξένους». Τα χειρόγραφα αναφέρουν επίσης τα μετακινούμενα έλη κατά μήκος της ακτής, τα οποία πρέπει να διασχίσει όποιος έρχεται από το Ναύπλιο, επισημαίνουν ότι η πεδιάδα υπερβαίνει ελάχιστα τη στάθμη της θάλασσας, και συμπληρώνουν : «οι όχθες αυτών των ελών και από τις δύο πλευρές του Ίναχου είναι από τους ωραιότερους βοσκότοπους· εκεί οδηγούν οι Αργείοι τα άλογά τους για βοσκή. [...] Διατηρούν ιπποφορβεία κατ'εντολήν του Σουλτάνου της Κωνσταντινούπολης». Οι παρατηρήσεις όμως είναι λιγότερο ακριβείς, όταν πρόκειται για τα ποτάμια. Ο Ίναχος αναφέρεται δύο φορές : τη μια για να σημειωθεί ότι εκβάλλει στον κόλπο και σχηματίζει έλος· την άλλη στη συνεχή αφήγηση : «ξαναπήραμε το δρόμο της δυτικής πύλης του Άργους, απ'όπου προχωρήσαμε κατ'ευθείαν προς τη Δύση αναζητώντας τον ποταμό Ίναχο. Οι γεωγράφοι, που δεν είναι σωστά πληροφορημένοι, τον τοποθετούν ανατολικά του Άργους, ενώ βρίσκεται στα δυτικά. Στα δεξιά μας είχαμε έναν από τους μικρούς λόφους που δεσπόζουν το στάδιο και στα αριστερά αμπελώνες, μέσα στους οποίους συναντήσαμε διάσπαρτα ερείπια σπιτιών ή άλλων κτισμάτων, όπου βρήκαμε επιγραφές. Βγαίνοντας από τους αμπελώνες, μετά από τρία τέταρτα της ώρας δρόμο, βρεθήκαμε στις όχθες του Ίναχου [πρόκειται ασφαλώς για τον Ξεριά, τον αρχαίο Χάραδρο], και, για να δώσουμε μια ακριβή περιγραφή αυτού του ποταμού, όπως και των άλλων, τον ακολουθήσαμε· ελπίζαμε ότι θα μας οδηγούσε στη θάλασσα, αλλά κάναμε λάθος, επειδή χάνεται στα έλη που σχηματίζονται από τα νερά του, και που απέχουν από τη θάλασσα περίπου μισή λεύγα». (*Nouvelles acquisitions françaises* 1892, f° 188v-189).

**7.** Anville (Jean-Baptiste Bourguignon d'), Χάρτης της πεδιάδας του Άργους (μέσα του 18ου αι.).

Παρίσι, Bibliothèque Nationale, Département des Cartes et Plans, Ge DD 2987, 6128. Μελάνι σε χαρτί, 200 × 145 χιλ.

Σύμφωνα με μια παρατήρηση του Barbié du Bocage, πρόκειται για ένα «αντίγραφο του χάρτη που σχεδίασε ο Fourmont», το χάρτη με τον προηγούμενο αριθμό ή κάποια άλλη παραλλαγή. Είναι αξιοσημείωτη η απεικόνιση της Λάρισας με το κάστρο στην κορυφή, τα γειτονικά μοναστήρια, η είσοδος του υπόγειου κτίσματος (άντρο), τέλος η ένδειξη της πόλης στα ανατολικά της Λάρισας, με το τζαμί της στα νοτιοανατολικά. Η μαρτυρία αυτή υπογραμμίζει την τεράστια διαφορά που υπάρχει μεταξύ του ερασιτεχνισμού καλής θέλησης του Fourmont και το τρόπο με τον οποίο τα ίδια στοιχεία μπορούν να αναδειχθούν από το χέρι ενός επαγγελματία.

**8.** Barbié du Bocage (Jean-Denis), [Αργολίδα]. Παρουσιάστηκε από τον M. Cousinéry στις 29 9βρίου [Σεπτεμβρίου; Νοεμβρίου;] 1807.

Αθήνα, Γεννάδειος Βιβλιοθήκη, χειρόγραφο 145 f° 73. Μελάνι σε κυανό χαρτί, 375 × 250 χιλ. Βορράς στο πάνω μέρος.

Μεταγραφή των χειρόγραφων σημειώσεων :

— στην πάνω αριστερή γωνία : «Την πρώτη μέρα ο κ. Cousinéry πήγε από τη Νάπολη της Ρωμανίας [δηλαδή το Ναύπλιο] στο Άργος. Ήταν μια μέρα εμποροπανήγυρης στο Άργος. Είδε το θέατρο και τα ερείπια πιο πάνω, αλλά δεν ανέβηκε στην ακρόπολη. Κάποια άλλη μέρα πήγε από τη Νάπολη στα ερείπια των Μυκηνών. Είδε τον τάφο του Αγαμέμνονος, που βρίσκεται σε ένα ύψωμα, περίπου στα βορειοδυτικά των ερειπίων της πόλης. Υπάρχει μια μικρή κοιλάδα μεταξύ του τάφου και της Πύλης των Λεόντων, η οποία βλέπει επίσης προς τα βορειοδυτικά. Καθώς έρχεται κανείς από τη Νάπολη της Ρωμανίας αφήνει το λοφίσκο της Τίρυνθας ή της Παλαιάς Νάπολης στα αριστερά και φτάνει στο χωριό, που βρίσκεται κοντά στα ερείπια. Από τις Μυκήνες, ο κ. Cousinéry επέστρεψε στη Νάπολη της Ρωμανίας» ·

— από κάτω, τα ερείπια του Άργους με το υπόμνημα : «Κάστρο του Άργους. Ερείπια του Άργους. Σημερινή πόλη του Άργους σε απόσταση δύο λευγών από τη Νάπολη. Σεχιρσί. Ερείπια εν μέρει λαξευμένα στο βράχο [πρόκειται για το νυμφαίο της Λάρισας]. Θέατρο με 60 σειρές εδωλίων, όλες λαξευμένες στο βράχο · δεν απομένει τίποτα από τη σκηνή. Το θέατρο βρίσκεται έξω από την πόλη» ·

— στην πάνω δεξιά γωνία, πάνω από το σκαρίφημα του θησαυρού του Ατρέως : «Η στέγη αυτού του τάφου δεν είναι ελλειψοειδής, αλλά σχηματίζεται από πέτρες τοποθετημένες σε επάλληλες σειρές που συγκλίνουν ανεπαίσθητα. Η πέτρα πάνω από την είσοδο είναι επιμήκης».

Από κάτω, τρία σκαριφήματα : «Σχέδιο του τάφου του Αγαμέμνονος. Είσοδος». «Πρόσοψη της πύλης του τάφου του Αγαμέμνονος. Τμήμα θαμμένο». «[Πρόσοψη] αυτού του τάφου».

Κάτω από τα σκαριφήματα : «Τάφος του Αγαμέμνονος... σε απόσταση 300 οργυιών από την πύλη των Λεόντων». «Ερείπια των Μυκηνών, σε απόσταση 4 ωρών από τη Νάπολη». Επισημαίνονται ακόμα δύο ρυάκια, τα «ερείπια της Τίρυνθας», «Ναυπλία-Νάπολη», και τρεις δρόμοι : από ανατολικά προς τα δυτικά «δρόμος της Επιδαύρου», «δρόμος των Μυκηνών», «δρόμος της Νάπολης της Ρωμανίας».

Η σημασία αυτού του τοπογραφικού σχεδίου βρίσκεται στη χρονολογία του, σε μια εποχή όπου η περιοχή ήταν πολύ λίγο γνωστή. Ο Barbié du Bocage εργαζόταν τότε πάνω στο μεγάλο συνθετικό του έργο για την πεδιάδα του Άργους. Ο E.-M. Cousinéry διετέλεσε πρόξενος της Γαλλίας στη Θεσσαλονίκη από το 1783 έως το 1793 και στη συνέχεια κατά την Παλινόρθωση.

**9.** [Χάρτης της πεδιάδας του Άργους, σύμφωνα με τις εργασίες της Αποστολής του Μορέως].

*Carte de la Morée rédigée et gravée au dépôt général de la Guerre d'après la triangulation et les relevés exécutés en 1829, 1830 et 1831 par les officiers d'État-Major attachés au Corps d'occupation, par ordre de M. le maréchal duc de Dalmatie, ministre de la Guerre, sous la direction de M. le lieutenant général Pelet.* Paris (1832). Κλίμακα 1 : 200 000. Από το έργο : *Expédition Scientifique de Morée. Travaux de la section des sciences physiques... Atlas* 1831-1835. Paris (1835), πίνακας III φύλλο 4. Επανέκδοση : *Carte de la Grèce, 1 : 200 000, rédigée et gravée au Dépôt de la Guerre d'après la triangulation et les levés exécutés par les officiers du Corps d'État-Major.* Paris (1852). Φύλλο 13.

Απόσπασμα από τον πρώτο χάρτη της Ελλάδας· εκπονήθηκε από επαγγελματίες τοπογράφους που εργάσθηκαν στο πεδίο : η διαφορά με τις προηγούμενες απόπειρες είναι φανερή τόσο στη χάραξη, όσο και στην απόδοση του ανάγλυφου.

## IV. Η Επιστημονική Αποστολή του Μορέως

Από το 1821 και μετά, τα πολιτικά και στρατιωτικά γεγονότα, που συνδέονταν με την ελληνική Επανάσταση και τον αγώνα για την ανεξαρτησία, προκάλεσαν ένα μεγάλο ρεύμα φιλελληνισμού και ενδιαφέροντος για τα ελληνικά πράγματα. Το 1828 η γαλλική κυβέρνηση αποφάσισε να βοηθήσει τους Έλληνες στέλνοντας μια στρατιωτική αποστολή 14.000 ανδρών υπό τις διαταγές του στρατηγού Maison, που αποβιβάστηκε στις 29 Αυγούστου. Με τη μεσολάβηση του Edgar Quinet, η βοήθεια αυτή συνοδεύτηκε από μία επιστημονική αποστολή, κατά το πρότυπο αυτής που είχε συνοδεύσει το εκστρατευτικό σώμα του Βοναπάρτη στην Αίγυπτο, και της οποίας το πιο αξιόλογο αποτέλεσμα ήταν η *Description de l'Égypte*. Η Επιστημονική Αποστολή, που έφτασε στο Μοριά το 1829, περιελάμβανε πολλές ειδικότητες : ένα τμήμα φυσικών επιστημών με επτά ερευνητές και ένα ζωγράφο, υπό τη διεύθυνση του συνταγματάρχη Bory de Saint-Vincent, ένα τμήμα αρχαιολογίας με τη συμμετοχή ειδικά του Quinet, ο οποίος όμως λόγω ασθενείας πολύ σύντομα σταμάτησε να εργάζεται αποτελεσματικά, και ένα τμήμα αρχιτεκτονικής υπό τη διεύθυνση του αρχιτέκτονα Blouet, στον οποίο οφείλουμε τα κυριότερα επιστημονικά αποτελέσματα της Αποστολής σε αρχαιολογικά θέματα· χάρη στην ποιότητα των αποτυπώσεών τους, η μελέτη των αρχαιοτήτων του Άργους πέρασε στο χώρο της επιστήμης. Η Επιστημονική Αποστολή του Μορέως παρέμεινε στην Ελλάδα από το Μάρτιο μέχρι το Νοέμβριο του 1829, τα μέλη της όμως πέρασαν από το Άργος σε διαφορετικές περιόδους : ο Quinet την 1η Απριλίου (παρέμεινε μόνο έως τις 7 Απριλίου, επειδή προσεβλήθη από πυρετό), ο Blouet και οι συνάδελφοί του της αρχιτεκτονικής επιτροπής στις 15 Ιουλίου (αρρώστησαν και αυτοί)· εκεί συνάντησαν το συνταγματάρχη Bory de Saint-Vincent, που είχε φτάσει πριν από αυτούς.

**10.** Blouet (Abel), Τοπογραφικό σχέδιο του Άργους (1829).

*Expédition scientifique de Morée, ordonnée par le Gouvernement Français. Architecture, Sculptures, Inscriptions et vues du Péloponnèse, des Cyclades et de l'Attique, mesurées, dessinées, recueillies et publiées par* Abel Blouet, architecte..., Amable Ravoisié et Achille Poirot, architectes, Félix Trézel, peintre d'histoire, et Frédéric de Gournay, littérateur. Ouvrage dédié au roi. Paris (1833), πίνακας 57, χαρακτικό, 237 × 308 χιλ. Ο Βορράς στην κάτω δεξιά γωνία· κλίμακα χιλίων μέτρων. Ανατύπωση από τον F. Aldenhoven, *Itinéraire descriptif de l'Attique et du Péloponnèse avec cartes et plans topographiques*. Athènes, chez Adolphe Nast, libraire; Rodolphe Bund, libraire; et chez l'auteur. De l'imprimerie de l'Ami du peuple (1841), σελ. 378, και από τον E. Curtius, *Peloponnesos. Eine historisch-geographische Beschreibung der Halbinsel*, Gotha, Justus Perthes (1851-1852), τόμος II, εικ. XV.

A. Μεγάλο θέατρο. B. Ρωμαϊκό πλινθόκτιστο κτίσμα [πρόκειται για τα ερείπια των θερμών]. C. Μικρό θέατρο [ωδείον]. D. Εκκλησία. E. Κατάλοιπα αρχαίου κυκλώπειου τείχους [ίχνη τείχους στη νοτιοδυτική πλαγιά της Λάρισας]. F. Εκκλησία [της Θεοτόκου, στο κοιμητήριο του Άργους]. G. Ρωμαϊκό πλινθόκτιστο κτίσμα. H. Ρωμαϊκό πλινθόκτιστο κτίσμα πάνω σε άνδηρο, με αναλημματικό κυκλώπειο κτίσμα [νυμφαίο της Λάρισας]. I. Κατάλοιπα υδραγωγείου, που τροφοδοτούσε το μνημείο H. K. Το μοναστήρι της Κατηχουμένης στη θέση του ναού της Ήρας Ακραίας. L. Λάρισα, αρχαία ακρόπολη. M. Ξωκκλήσι σε ύψωμα [ξωκκλήσι του προφήτη Ηλία στο λόφο της λεγόμενης Ασπίδας].

*Σημείωση* : Πρέπει να λάβουμε υπ'όψη ότι το τοπογραφικό αυτό σχέδιο είναι κατά προσέγγιση επειδή δεν αποτυπώθηκε επί τόπου.

Η αξία του τοπογραφικού αυτού σχεδίου έγκειται κυρίως στη θέση των αρχαίων μνημείων· όσον αφορά τη σύγχρονη πόλη, είναι περισσότερο σχηματικό παρά πραγματικά περιγραφικό. Από την πόλη του Άργους, στο κείμενο της Αποστολής του Μορέως σημειώνεται κυρίως η έκταση, η ωραία εντύπωση και η θέση : «Όσο για τη νεώτερη πόλη του Άργους, δεν έχει πάνω από τέσσερεις χιλιάδες κατοίκους· αλλά, καθώς το κάθε σπίτι έχει τον κήπο του, καταλαμβάνει την ίδια έκταση με την αρχαία· δίνει μια εντύπωση καθαριότητας που δεν συναντήσαμε πάντοτε στις υπόλοιπες πόλεις του Μοριά. Βρίσκεται σε μια πολύ ωραία τοποθεσία, που απέχει μιάμιση λεύγα από τη θάλασσα, στο μυχό του κόλπου του Ναυπλίου ή του Άργους». Η εντύπωση που έδινε το Άργος εκείνη την εποχή αποδίδεται καλύτερα στην άποψη που φιλοτέχνησε ο ίδιος σχεδιαστής.

**11.** Blouet (Abel), Άργος (1829).

*Ό.π.*, πίν. 60. Χαρακτικό, 266 × 439 χιλ. Κλίμακες 10 μέτρων και 5 οργυιών. Ανατύπωση από τον E. Curtius, *ό.π.*, τόμος II, σελ. 353.

Εικ. I. Κάτοψη του αρχαίου οικοδομήματος που σημειώνεται στο γενικό τοπογραφικό σχέδιο με το γράμμα Η· [πρόκειται για το νυμφαίο της Λάρισας].

Εικ. II και III. Τομή κατά μήκος και εγκάρσια του ίδιου μνημείου.

Εικ. IV [πάνω αριστερά]. Λεπτομέρεια του ανοίγματος που έχει φράξει ένας σύγχρονος τοίχος στο μέσον του αναλήμματος του ανδήρου.

Εικ. V [πάνω δεξιά]. Λεπτομέρεια της γωνίας του ίδιου τοίχου.

Εικ. VI και VII [κάτω, αριστερά και δεξιά]. Λεπτομέρειες των γλυπτών που βρίσκονται στον ίδιο αναλημματικό τοίχο.

Το κείμενο που συνοδεύει αυτές τις εικόνες δίνει μια περιγραφή του συνόλου των ερειπίων, σχολιάζεται όμως με περίεργο τρόπο. Επισημαίνει το νυμφαίο, καθώς και το υδραγωγείο, «του οποίου ένα μεγάλο τμήμα βρίσκεται πιο πέρα, στο ίδιο ύψος». Ο αναλημματικός τοίχος του ανδήρου περιγράφεται με ακόμα πιο παράξενο τρόπο : «Αυτό το ερείπιο κάποιου αρχαίου ρωμαϊκού κτίσματος εδράζεται πάνω σ'ένα άνδηρο, το οποίο υποβαστάζεται από μιαν άλλη κατασκευή, λεγόμενη κυκλώπεια, και στην οποία διακρίνονται κάποια ίχνη επιγραφών και γλυπτών. Η κατασκευή αυτή διακόπτεται στο μέσον περίπου από ένα σύγχρονο τοίχο, ο οποίος φαίνεται ότι κτίστηκε για να φράξει την πρόσβαση σ'ένα υπόγειο κτίσμα. Η σημασία της κατασκευής και η ιδιαιτερότητα που μόλις επισημάναμε, αρκούν για να συμπεράνουμε ότι εκεί μπορούσε να βρίσκεται η είσοδος των φυλακών της Δανάης ή οι υπόγειες στοές, που περιγράφει ο Michel Fourmont στο χειρόγραφο ταξιδιωτικό του έργο και τις οποίες, παρά τις έρευνές μας, δεν μπορέσαμε να εντοπίσουμε». Αναρωτιέται κανείς αν έγινε κατανοητή η υδραυλική λειτουργία του ρωμαϊκού οικοδομήματος. Το ταξίδι είχε προετοιμαστεί με μεγάλη φροντίδα· οι συγγραφείς, όμως, παραπλανήθηκαν και αναζήτησαν στα βόρεια του θεάτρου το υποτιθέμενο υπόγειο κτίσμα, ενώ ο Fourmont το τοποθετούσε στα νότια· είναι αξιοθαύμαστη η δύναμη υποβολής των παλαιότερων!

**12.** Ravoisié (Amable), Άργος (1829).

*Ό.π.*, πίν. 58. Χαρακτικό, 254 × 435 χιλ. Κλίμακα 80 μέτρων και 240 ποδών. Μερική ανατύπωση από τον J. H. Strack, *Das griechische Theatergebäude*, Potsdam (1843), πίν. IV, 2, και από τον A. Chenavard, *Recueil et parallèles de théâtres antiques* (1887) (Lyon, Bibliothèque municipale, χειρόγραφα 6393), πίν. XXXI.

Εικ. I. Κάτοψη του μεγάλου θεάτρου του Άργους. A. Εδώλια λαξευμένα στους βράχους που αποτελούν τη βάση της ακρόπολης. B. Αίθουσα συνελεύσεων των σύγχρονων Ελλήνων βουλευτών. C. Ρωμαϊκά πλινθόκτιστα κτίσματα [πρόκειται για τις θέρμες].
Εικ. II και III. Κάτοψη και τομή ενός ρωμαϊκού ερειπίου, που σημειώνεται στο γενικό τοπογραφικό σχέδιο με το γράμμα G. Αυτό το οικοδόμημα, πιθανότατα ένας τάφος, σήμερα έχει εξαφανιστεί.

Η αποτύπωση του θεάτρου δεν χρειάζεται ιδιαίτερο σχολιασμό, πρέπει όμως να υπογραμμισθεί ότι είναι πιθανώς η πρώτη που πραγματοποιήθηκε, ή τουλάχιστον η πρώτη που δημοσιεύθηκε· είναι γνωστοί μόνο δύο σχεδιαστές που είχαν εργαστεί στο θέατρο του Άργους παλαιότερα, ο Ιταλός ζωγράφος Sebastiano Ittar στα 1802, που εργαζόταν για τον λόρδο Έλγιν και άφησε μια από τις πιο αξιόλογες μαρτυρίες αυτού του είδους (το ανέκδοτο σχέδιό του φυλάσσεται στο Βρεττανικό Μουσείο), και ο Karl Haller von Hallerstein, που επισκέφθηκε το Άργος στα 1812 και φιλοτέχνησε ορισμένα σκαριφήματα του θεάτρου (πλάγια όψη των εδωλίων, μελέτη της σχέσης μεταξύ σειρών εδωλίων και κλιμάκων, σκαρίφημα της θέσης του θεάτρου και του ωδείου· τα σχέδια αυτά φυλάσσονται στη βιβλιοθήκη του Στρασβούργου), δεν αποτύπωσε όμως την κάτοψη. Αξίζει να σημειωθεί ότι δεν κάνει αισθητή τη δυσκολία που αντιμετώπισαν όλοι, όσοι θέλησαν να αποτυπώσουν με ακρίβεια το οικοδόμημα αυτό, δηλαδή να καθορίσουν τα όρια, τόσο προς τα πάνω όσο και προς τα πλάγια.

Η κατασκευή που σημειώνεται με το γράμμα B παραπέμπει στο πιο αξιόλογο γεγονός που πραγματοποιήθηκε στο θέατρο κατά το 19ο αι. : τη συγκέντρωση της ελληνικής Εθνοσυνέλευσης, της οποίας ο Blouet και οι συνεργάτες του παρέδωσαν μια γλαφυρή εικόνα : «Όταν φτάσαμε σ'αυτή την πόλη, στις 15 Ιουλίου του 1829, μάθαμε ότι ο κυβερνήτης της Ελλάδας, ο Καποδίστριας, βρισκόταν εκεί από μέρες για την έναρξη της νομοθετικής συνέλευσης, η οποία επρόκειτο να πραγματοποιηθεί λίγες μέρες αργότερα. Για το σκοπό αυτό καθάριζαν τα εδώλια του αρχαίου θεάτρου, όπου θα προσερχόταν το κοινό, και χαμηλότερα έκτιζαν μια αίθουσα συνελεύσεων, στην οποία άλλες σειρές εδωλίων προορίζονταν για τους βουλευτές. Αυτή η αίθουσα ήταν ανοικτή προς όλες τις πλευρές, ώστε να επιτρέπει στους θεατές, που βρίσκονταν στο θέατρο, να βλέπουν και να ακούν όλες τις συζητήσεις της Εθνοσυνέλευσης. Μεταξύ των βουλευτών που είχαν έλθει στο Άργος γι'αυτή την επίσημη εκδήλωση, ξεχώριζαν ο Νικηταράς, ο Μιαούλης, ο Κολοκοτρώνης, ο Γρίβας και ο Πετρόμπεης. Δίχως αμφιβολία ήταν ένα υπέροχο θέαμα να βλέπει κανείς την Ελλάδα, μετά από τόσους αιώνες δεσποτισμού και υποδούλωσης, να είναι απελευθερωμένη από τις αλυσίδες της και, υπό την προστασία των μεγαλύτερων δυνάμεων της Ευρώπης, να συγκεντρώνει στο αρχαίο θέατρο του Άργους, με πρόεδρο έναν επιδέξιο Έλληνα διπλωμάτη, τους άνδρες που πέρασαν στην αθανασία χάρη στη γενναιότητά τους σ'έναν πόλεμο εξόντωσης, και οι οποίοι επρόκειτο να δώσουν στη χώρα τους συνταγματικούς νόμους, πρώτο ευεργέτημα της μεγάλης αυτής παλιγγενεσίας».

**13.** Ravoisié (Amable) και Poirot (Achille), Άργος (1829).

*Ό.π.*, πίν. 59. Χαρακτικό, 432 × 237 χιλ. Κλίμακες 40 μέτρων και 120 ποδών. Μερική ανατύπωση από τον A. Chenavard, *ό.π.*, πίν. XXXII.

Εικ. I. Τομή του μεγάλου θεάτρου κι ενός τμήματος των θερμών.
Εικ. II. Συνέχεια της προηγούμενης τομής.
Εικ. III και IV. Άλλες τομές των θερμών.
Εικ. V, VI και VII. Ελληνικά κτίσματα που αποτελούν τα τείχη της αρχαίας ακρόπολης, όπου εδράζεται η σύγχρονη ακρόπολη.

Αξιοσημείωτη είναι κυρίως η τομή του βόρειου υπογείου των θερμών, που ήταν ήδη ορατό εκείνη την εποχή και η κάτοψη του οποίου εικονίζεται στο προηγούμενο σχέδιο. Οι συγγραφείς δεν είχαν αναγνωρίσει τα κατάλοιπα των θερμών, η ταύτιση των οποίων έγινε μόνο με τις πρόσφατες ανασκαφές. Το κείμενό τους αναφέρει επίσης πολύ σύντομα τα λείψανα του ωδείου (γράμμα C στη γενική κάτοψη) : «στα νότια, και πολύ κοντά στο μεγάλο θέατρο, υπάρχουν εδώλια ενός μικρότερου θεάτρου, κάτω από τα οποία διακρίνονται θεμέλια με λιθολόγημα, πιθανώς κατάλοιπα του προσκηνίου».

Την πάνω αριστερή γωνία του πίνακα καταλαμβάνει το σχέδιο τριών τμημάτων αρχαίων τοίχων που έχουν ενσωματωθεί μέσα στην ακρόπολη. Η Αποστολή του Μορέως δεν είναι η πρώτη που τα επισήμανε : το 1805 τα είχε ήδη παρατηρήσει και σχεδιάσει ο Άγγλος W. Gell, ο οποίος τα δημοσίευσε πριν από το 1831 · είχαν επίσης σχεδιαστεί από τον K. Haller von Hallerstein. Τα σχέδια όμως του τελευταίου έμειναν ανέκδοτα, ενώ αυτά του Gell είναι πιο άχαρα · πιστότερα είναι εκείνα της Αποστολής του Μορέως. Το συνοδευτικό κείμενο είναι αρκετά συνοπτικό για το σύνολο του φρουρίου και απογοητευτικό για τα τμήματα των αρχαίων τοίχων, τα οποία απλώς επισημαίνονται.

## V. Το ρομαντικό Άργος

**14.** Blouet (Abel), Άργος (1829).

*Ό.π.*, πίν. 56. Χαρακτικό, 240 × 144 χιλ.

«Άποψη του Άργους από τους κήπους της πόλης, που βρίσκονται νοτιοανατολικά της ακρόπολης».

Στη βορειοανατολική πλαγιά της Λάρισας το μοναστήρι της Παναγίας, κάτω από το οποίο ανοίγεται μια σπηλιά και, στην κορυφή της νότιας πλαγιάς, το περίγραμμα κτισμάτων που ταυτίζονται πιθανώς με την εκκλησία της Αγίας Μαρίνας. Πάνω από την πόλη διακρίνεται, ανάμεσα σε δύο δέντρα, αριστερά, η πορεία του υδραγωγείου στην πλαγιά του βουνού.

Υπάρχει μια έντονη διαφορά ανάμεσα στο αρκετά λιτό και ακριβές αρχιτεκτονικό σχέδιο και στη γενική άποψη του τοπίου, που φιλοτέχνησε την ίδια περίοδο ο διευθυντής της αρχιτεκτονικής επιτροπής της Επιστημονικής Αποστολής του Μορέως. Η οπτική γωνία και η τοποθέτηση των δέντρων επιτείνουν την εντύπωση της έκτασης και του ελεύθερου χώρου, που δημιουργεί το κείμενο. Η περιγραφή της πόλης είναι πολύ λιτή και μνημονεύει «ένα μεγάλο αριθμό δεξαμενών», χωρίς όμως να επισημαίνει κανένα σύγχρονο μνημείο, εκτός από το τζαμί στα νοτιοανατολικά, που «σκιάζεται από κυπαρίσσια».

**15.** Buchon (Jean-Alexandre), Κάστρο των Φράγκων βαρώνων του Άργους από τον οίκο των Enghien (Ιούλιος 1841).

*Atlas des nouvelles recherches historiques sur la principauté française de Morée et ses hautes Baronnies, fondées à la suite de la Quatrième Croisade, formant la deuxième partie de cet ouvrage et servant de complément aux éclaircissements historiques, généalogiques et numismatiques sur la principauté française de Morée et au Voyage dans la Morée, la Grèce continentale, les Cyclades et les îles ioniennes.* Paris, au Comptoir des Imprimeurs Unis [αχρονολόγητο], πίν. VI. Χαρακτικό, 200 × 131 χιλ.

Ο Buchon πέρασε από το Άργος τον Ιούλιο του 1841. Η άποψη είναι από τα βορειοανατολικά, αλλά με έντονη μείωση της απόστασης ανάμεσα στο μοναστήρι (στη βορειοανατολική πλαγιά της Λάρισας, δεξιά) και το θέατρο (στη νοτιοανατολική πλαγιά της Λάρισας, αριστερά). Αυτό που εικονίζεται διαγώνια στο λόφο πάνω από το θέατρο και μοιάζει με τοίχο, είναι πιθανώς το μονοπάτι που άλλοι σχεδιαστές τοποθετούν στο σημείο αυτό. Ένα παρόμοιο στοιχείο, που ακολουθεί την κλίση του λόφου κάτω από το μοναστήρι, δεν αντιστοιχεί σε τίποτα ορατό σήμερα : υποθέτουμε ότι πρόκειται για το μονοπάτι που οδηγούσε στα κτήρια. Το αποτέλεσμα προκαλεί μια κάποια αίσθηση φανταστικού. Τέτοια λάθη εξηγούνται εύκολα : ο Buchon, πολύ μέτριος σχεδιαστής, έδινε στην αδελφή του τα σχέδια να τα καθαρογράψει, και εκείνη, μη γνωρίζοντας τους χώρους, μπορεί να ερμήνευσε λανθασμένα ορισμένες λεπτομέρειες που ήταν δυσανάγνωστες στο σκαρίφημα του αδελφού της.

Το κείμενο της περιγραφής του επισημαίνει κάποιες επιπλέον λεπτομέρειες. Αρχικά, την ευημερία της πόλης, που αποδίδει στην καλλιέργεια του καπνού : «δύο ή τρία σπίτια είναι καλοχτισμένα και σχεδόν όλα διαθέτουν ένα μικρό κήπο. Το δημόσιο σχολείο και ο στρατώνας είναι επίσης καλοκτισμένα». Κατόπιν, ορισμένα ανάγλυφα σε δεύτερη χρήση μέσα στην πόλη, συμπεριλαμβανομένου και του αναγλύφου της Τελεσίλλας, που ήταν ενσωματωμένο στο σπίτι του στρατηγού Τσώκρη (οδός Καρατζά 6)· το είχαν δει και σχεδιάσει τα μέλη της Αποστολής του Μορέως, και βρισκόταν ακόμα εκεί το 1979. Το ανήσυχο αυτό πνεύμα, που ασχολήθηκε με την ιστορία του φράγκικου Μοριά, ενδιαφέρθηκε κυρίως για το κάστρο. Αλλά αυτό που θεωρεί ως μεσαιωνικό κάστρο, κτισμένο πάνω στα ερείπια του αρχαίου φρουρίου, είναι το ενετικό και μετέπειτα τούρκικο κάστρο.

## VI. Το Άργος στα μέσα του 19ου αιώνα

**16.** Rey (Étienne), Θέατρο Άργους· εδώλια λαξευμένα στο βράχο, 18 Σεπτεμβρίου 1843.

*Voyage pittoresque en Grèce et dans le Levant fait en 1843-44 par E. Rey, peintre, & A. Chenavard, architecte, professeurs à l'École des Beaux-Arts de Lyon ... et Dalgabio, architecte. Journal de voyage. Dessins et planches lithographiées par E. Rey.* Lyon, typographie Louis Perrin, lithographie Claude Bonnaviat (1867), πίν. VIII. Λιθογραφία, 261 × 188 χιλ.

1. Ναύπλιο. 2. Παλαμίδι. 3. Λείψανα της αψιδωτής αίθουσας των θερμών (αξιοσημείωτα είναι τα λείψανα τοίχου που διακρίνονται στο έδαφος ακριβώς στα νότια του ερειπίου). 4. Θέατρο, διαιρείται σαφώς σε τρία τμήματα. 5. Θέατρο με ευθύγραμμες σειρές εδωλίων; 6. Εκκλησία της Θεοτόκου στο νότιο κοιμητήριο.

Άποψη από ένα σημείο της πλαγιάς της Λάρισας ακριβώς στα βόρεια του θεάτρου, στο ύψος των ανώτερων εδράνων. Οι κανονικές οριζόντιες γραμμές πάνω στο βράχο (αρ. 5) παραπέμπουν πιθανότατα στο θέατρο με τις ευθύγραμμες σειρές εδωλίων τοποθετημένο, κακώς, υπερβολικά ψηλά και υπερβολικά κοντά στο θέατρο.

Ο αρχιτέκτων Chenavard και ο ζωγράφος Rey δημοσίευσαν από έναν τόμο με τις ταξιδιωτικές τους αναμνήσεις· είναι και οι δύο εξίσου απογοητευτικοί. Αναφέρονται κοινοτοπίες και μόνον το σχέδιο του Rey δίνει την καλύτερη εικόνα. Παρά την ιδιαίτερα ασυνήθιστη οπτική του γωνία, το έργο αποδίδει μια πιστή εντύπωση της θέσης του Άργους, με την αιφνίδια αντίθεση μεταξύ της πεδιάδας και του λόφου της Λάρισας, καθώς και την κενή έκταση μεταξύ των θερμών και της εκκλησίας της Θεοτόκου στο νότιο κοιμητήριο, μνημεία μεμονωμένα και τα δύο.

**17.** Du Moncel (Théodore), Αρχαιότητες του Άργους.

*Excursion par terre d'Argos à Nauplie : collection composée de 18 planches lithographiées et d'un texte explicatif avec des gravures sur bois*... Paris, chez Gide et Compagnie (1845), πίν. 15. Λιθογραφία, 365 × 230 χιλ.

1. Ακρόπολη. 2. Νυμφαίο της Λάρισας. 3. «Στην κορυφογραμμή του βουνού, το μοναστήρι της Κατηχουμένης». 4. Υδραγωγείο που τροφοδοτούσε το νυμφαίο. 5. Θέατρο. 6. Λείψανα των θερμών. 7. Τοίχος των θερμών και είσοδος στο βόρειο υπόγειο, το οποίο φαίνεται ότι επισκέφθηκε ο καλλιτέχνης. 8. Απόληξη των ευθύγραμμων σειρών εδωλίων πάνω από το ωδείο. 9. Υδραγωγεία ;

Άποψη από τα νοτιοανατολικά. Αν πρόκειται για υδραγωγεία, τα οικοδομικά κατάλοιπα 9 δεν ανήκουν στον ίδιο αγωγό με το τμήμα 4. Φαίνονται υπερβολικά ψηλά για να αποτελούν την προέκταση του υδραγωγείου του θεάτρου. Πρόκειται άραγε για ένα σύγχρονο αγωγό ;

Η άποψη είναι παρόμοια με εκείνην του Cassas, με τη διαφορά ότι δεν διακρίνεται πια ο κατακόρυφος τοίχος στη νότια πλευρά των θερμών (αριστερά στο σχέδιο του Cassas). Άλλωστε θα ήταν εκτός πλαισίου. Είχε εξαφανιστεί, μεταξύ του 1802, χρονολογία κατά την οποία ο Ιταλός Sebastiano Ittar που εργαζόταν για τον λόρδο Elgin το απεικόνισε σ'ένα σχέδιο, και του 1829, οπόταν τα μέλη της Αποστολής του Μορέως δεν το είδαν πια. Η επίσκεψη του καλλιτέχνη στο βόρειο υπόγειο των θερμών πιθανοποιείται από μια αποσπασματική επιγραφή στην οποία ο Pierre Aupert πιστεύει ότι αναγνωρίζει το όνομά του. Όσον αφορά τα αρχαία μνημεία, το κείμενο της περιγραφής βασίζεται συχνά σε εκείνο της Αποστολής του Μορέως. Ως προς τη σύγχρονη πόλη, όμως, διαθέτει περισσότερη πρωτοτυπία επισημαίνοντας το στρατώνα του ιππικού, καθώς και «πολλά όμορφα σπίτια», ανάμεσα στα οποία εκείνο του Καλλέργη. Είναι ένα από τα λίγα κείμενα που αναφέρονται στους δρόμους πρόσβασης στο Άργος και στην έντονη κίνηση του δρόμου προς το Ναύπλιο : «κάθε μια ώρα αναχωρούν από την μια ή την άλλη πόλη καρότσες όπως στη Νάπολη, μέσα στις οποίες στοιβάζονται αν όχι 18 άτομα, τουλάχιστον ένας μεγάλος αριθμός, έτσι ώστε να μην μένει καθόλου κενός χώρος». Ο Du Moncel πέρασε από το Άργος στα 1845 · την εποχή εκείνη ήταν 24 χρονών. Πέντε χρόνια αργότερα στράφηκε σε επιστημονικές σπουδές και τελείωσε τη ζωή του ως ηλεκτρολόγος-μηχανικός.

**18.** Papety (Dominique), Άργος, ακρόπολη της Λάρισας. 16 Ιουνίου 1846.

Παρίσι, Μουσείο του Λούβρου, Cabinet des Dessins, RF 1773 [65]. Υδροχρωμάτισμα με λευκούς επιχρωματισμούς πάνω σε γκριζοπράσινο χαρτί, σχέδιο με μολυβδίτη, 305 × 198 χιλ.

Άποψη από τα ανατολικά, πρωτότυπη οπτική γωνία από ένα σημείο της σημερινής πλατείας της αγοράς. Πάνω στην κορυφογραμμή της Λάρισας διαγράφεται η εκκλησία της Αγίας Μαρίνας. Στη βορειοανατολική πλαγιά, πάνω από τη σπηλιά, το μοναστήρι σε ένα κοίλωμα του βράχου και, δεξιότερα, ο δρόμος πρόσβασης. Στο πρώτο πλάνο αριστερά, η γωνία του στρατώνα που κτίστηκε από τον Καποδίστρια. Στην πλαγιά του βουνού, στο ύψος της στέγης του στρατώνα και έως το άνοιγμα της σπηλιάς, το υδραγωγείο που τροφοδοτούσε το νυμφαίο.

Ο Papety άφησε πολλά σχέδια από ένα ταξίδι στην Ελλάδα, στη διάρκεια του οποίου επισκέφθηκε την Ήπειρο και την Ακαρνανία, τα Ιόνια νησιά, την Πελοπόννησο, την Αθήνα και την κεντρική Ελλάδα (ιδιαίτερα τους Δελφούς), καθώς και τον Άθω.

## VII. Οι τελευταίοι ταξιδιώτες

**19.** Belle (Henri), Άποψη του Άργους και του φράγκικου κάστρου της Λάρισας.

Σχέδιο του H. Belle, εκ του φυσικού, *Le Tour du Monde. Nouveau Journal des voyages* 35 (1878), πρώτο εξάμηνο, σελ. 313 [η λιθογραφία έγινε από τον F. Méaulle]· αναδημοσιεύθηκε στο *Griechenland in Wort und Bild : eine Schilderung des hellenischen Königreiches von Amand, Freiherr von Schweiger-Lerchenfeld. Mit 200 Illustrationen.* Leipzig, Heinrich Schmitt & Carl Günther (1882), σελ. 56. Λιθογραφία, 237 × 160 χιλ.

Άποψη από τα νοτιοανατολικά· αν και η οπτική γωνία είναι σχεδόν ίδια με εκείνην του Buchon, τα δύο σχέδια φαίνονται ανεξάρτητα. Στα μισά του υψώματος το μοναστήρι της Παναγίας. Αριστερά, διαγώνια πάνω στο λόφο, πρόκειται μάλλον για ένα μονοπάτι και όχι για τοίχο. Το σχέδιο, που έγινε εκ του φυσικού σύμφωνα με τον συγγραφέα, θυμίζει φωτογραφία· ίσως να χρησιμοποιήθηκε φωτεινός θάλαμος.

Ο Belle υπήρξε πρώτος γραμματέας της γαλλικής Πρεσβείας και επισκέφθηκε το Άργος μεταξύ του 1861 και 1874, δύσκολο να καθορίσουμε πότε ακριβώς. Στο κείμενό του ενδιαφέρεται κυρίως για δύο πράγματα. Την πόλη, αρχικά, που τον εντυπωσιάζει με τον αγροτικό χαρακτήρα της : «Το Άργος δεν είναι παρά ένα μεγάλο χωριό που αποτελείται από χαμηλά, κακοκτισμένα σπίτια, ανάμεσα σε κήπους και περιβόλια, όπου οι ανθισμένες πορτοκαλιές και λεμονιές, οι αγριοτριανταφυλλιές, οι πικροδάφνες και τα γιασεμιά αναδίνουν τα αρώματά τους. Κάποια στιγμή οι φράχτες γίνονται πλινθόκτιστοι, τα σπίτια πυκνώνουν, ευθυγραμμίζονται και σχηματίζουν δύο ή τρεις φαρδείς δρόμους, όπου παρατηρείται μεγαλύτερη κίνηση. Πρόκειται για την αγορά». Το δεύτερο ενδιαφέρον του αφορά τη στρατιωτική δράση του Υψηλάντη στο κάστρο της Λάρισας, στα 1822. Προφανώς, οι αρχαιότητες δεν τον ενδιαφέρουν και αναφέρει το θέατρο μόνο παρεπιπτόντως· έτσι εξηγείται η οπτική γωνία που επέλεξε για το σχέδιό του, όπου απεικονίζονται μόνο στοιχεία που τονίζονται στο κείμενο : η πολεοδομική οργάνωση του οικισμού, με πολλά κενά και άφθονη βλάστηση, και το κάστρο στην κορυφή της Λάρισας, που αναφέρεται και ως όρος Χάον.

**20.** Avelot (Henri), Άργος (1897).

*Autour de la Méditerranée. Les côtes orientales : l'Autriche et la Grèce. De Venise à Salonique, par* Marius Bernard. Paris, Henri Laurens (1899), σελ. 235. Χαρακτικό, 175 × 122 χιλ.

Το σχέδιο παρουσιάζει έντονες ομοιότητες με το προηγούμενο, γεγονός που μπορεί να οφείλεται στη χρήση φωτεινού θαλάμου και όχι σε αντιγραφή. Το πρώτο πλάνο μοιάζει φαντασιώδες, ενώ το υπόλοιπο απεικονίζεται κάπως ακαθόριστα. Εκείνη την εποχή το σχέδιο παραχωρεί τη θέση του στη φωτογραφία. Το κείμενο του έργου στο οποίο δημοσιεύεται το σχέδιο αυτό, είναι μια συρραφή κοινοτοπιών ή λαθών και αποτελεί, γενικότερα, μια παρωδία των ζωηρών διηγήσεων που εκδόθηκαν στο πρώτο μισό του αιώνα.

**21.** Cambournac (Henri), Άργος.

*Voyage aux sept églises de l'Apocalypse, par l'abbé* E. Le Camus. Paris (1893), σελ. 81.

Ο αββάς Le Camus ταξίδευε συνοδευόμενος από τον ανεψιό του H. Cambournac, στον οποίο οφείλεται πιθανότατα η φωτογραφία (ο αββάς τον αποκαλεί φωτογράφο), καθώς και από ένα συνάδελφό του, τον M. Vigouroux, γνωστό από το *Dictionnaire de la Bible*. Το κείμενο, τόσο φλύαρο όσο και κοινότοπο, αναφέρεται στην εικόνα ευημερίας της πόλης, στο απογοητευτικό μουσείο της και στον «πρόσφατα ανοικοδομημένο» μητροπολιτικό ναό της. Το μοναδικό οικοδόμημα που κινεί το ενδιαφέρον του συγγραφέα είναι το θέατρο, όπου απαριθμεί εξήντα σειρές εδωλίων σε τρία επίπεδα και επισημαίνει τις περιορισμένες διαστάσεις του κοίλου. Με λίγα λόγια, η φωτογραφία, με το θέατρο και την ακρόπολη, συνοψίζει την εντύπωση που αποδίδεται και από το κείμενο.

## Προέλευση των φωτογραφιών

**1**, **2**, **6** : Bibliothèque Nationale, Paris (Département des Manuscrits).
**3** : Bibliothèque Nationale, Paris (Cabinet des Estampes).
**4**, **5 α-β**, **18** : Musée du Louvre, Paris (Cabinet des Dessins).
**7** : Bibliothèque Nationale, Paris (Département des Cartes et Plans).
**8**, **19**, **20** : Γεννάδειος Βιβλιοθήκη, Αθήνα.

Ευχαριστούμε την Bibliothèque Nationale, το Musée du Louvre και τη Γεννάδειο Βιβλιοθήκη για την άδεια επανεκτύπωσης αυτών των έργων.

Όλες οι άλλες φωτογραφίες — εκτός από τον αρ. 9, της Ελένης Μαλιγκούρα (ΓΑΣ) — είναι του Philippe Collet (ΓΑΣ).

Τα **επεξηγηματικά σκαριφήματα** φιλοτεχνήθηκαν από τον Νικόλαο Σιγάλα (ΓΑΣ).

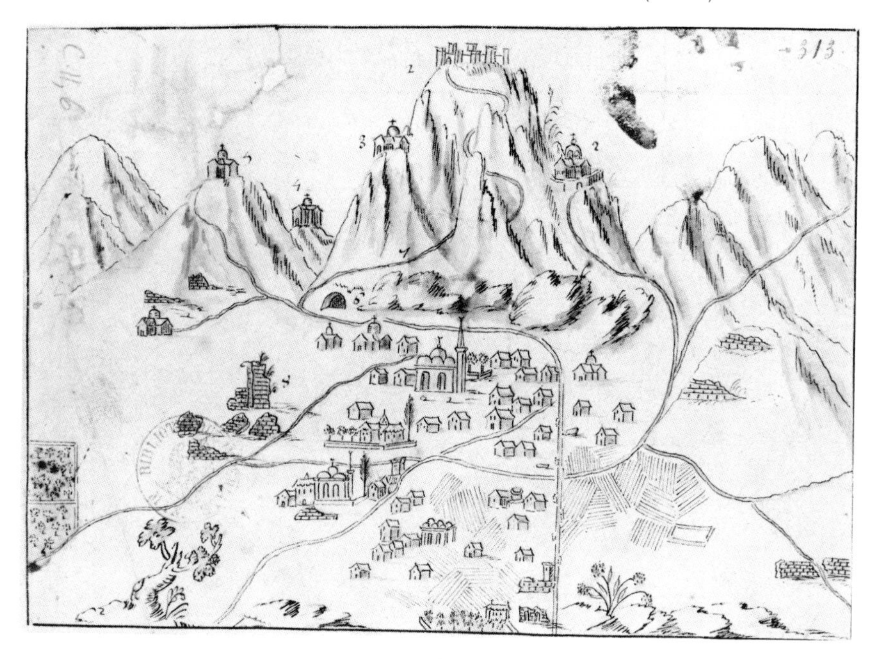

1. — M. Fourmont, *[Άποψη του Άργους]*.

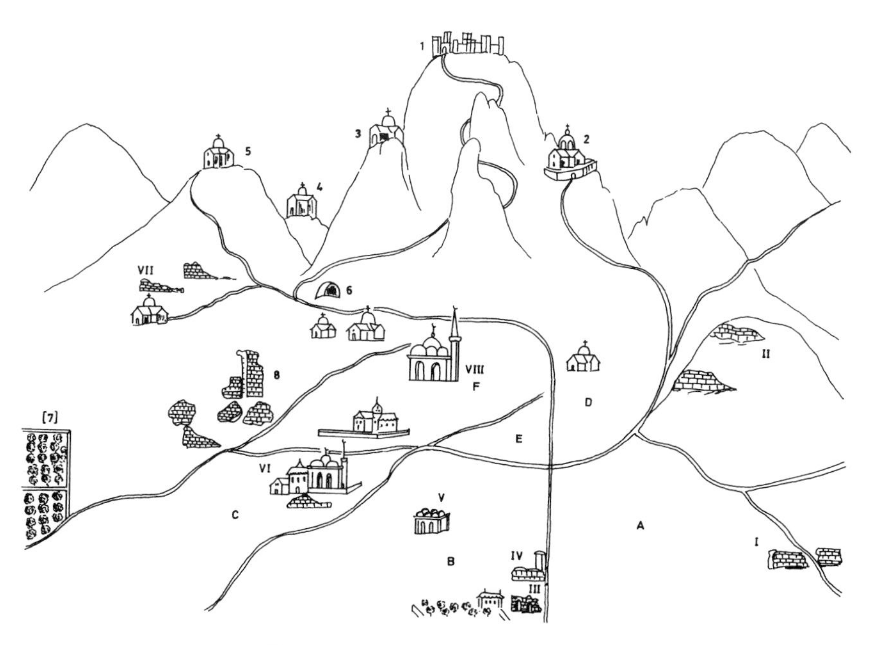


Επεξηγηματικό σκαρίφημα του αρ. **1**.

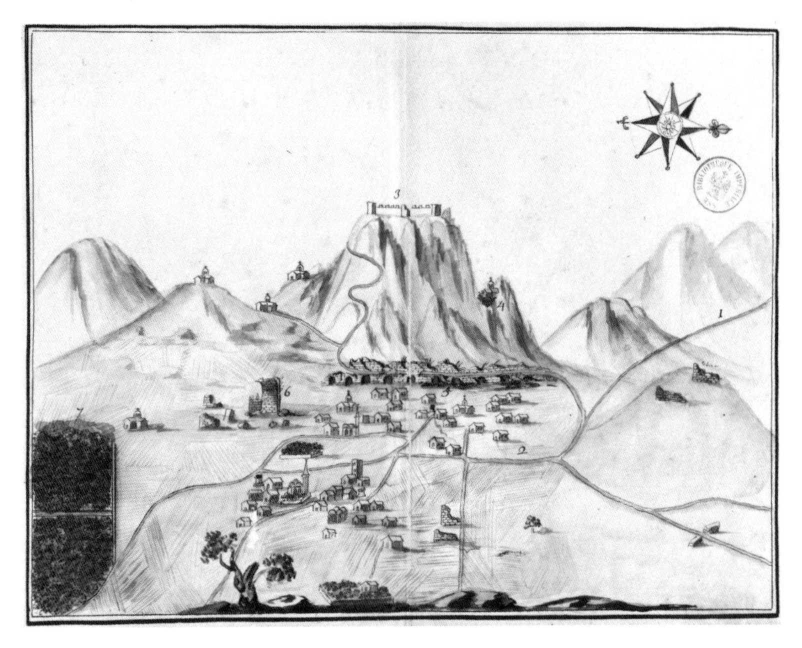


**2**. — [M. Fourmont], *Topographia urbis Argos et viciniae.*

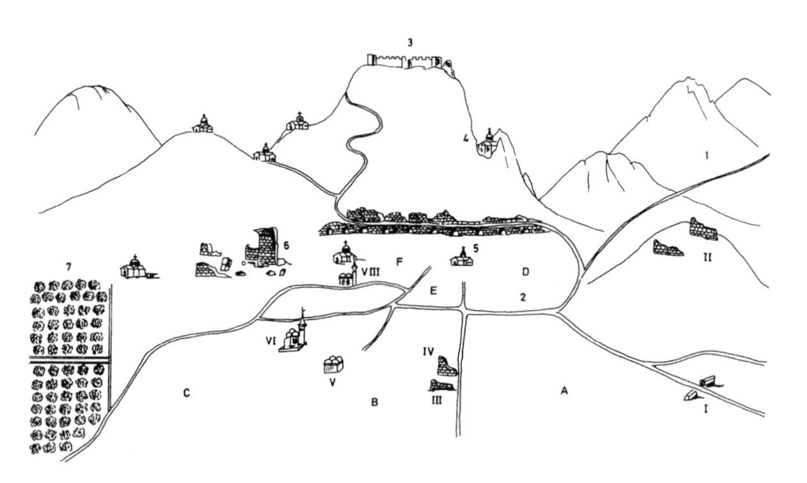


Επεξηγηματικό σκαρίφημα του αρ. **2**.

**3**. — L. Fauvel, *Ερείπια «της αίθουσας συνεδριάσεων» και του θεάτρου του Άργους.*

Επεξηγηματικό σκαρίφημα του αρ. **3**.

**4**. — L. F. Cassas, *Άποψη ενός πλινθόκτιστου μνημείου στα νότια του Άργους, από τα ανατολικά.*

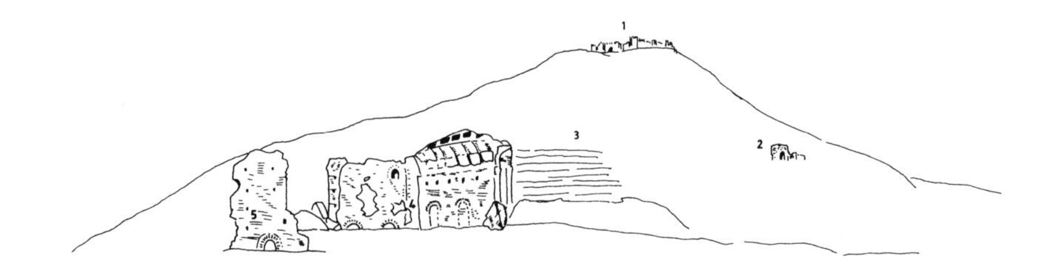


Επεξηγηματικό σκαρίφημα του αρ. **4**.

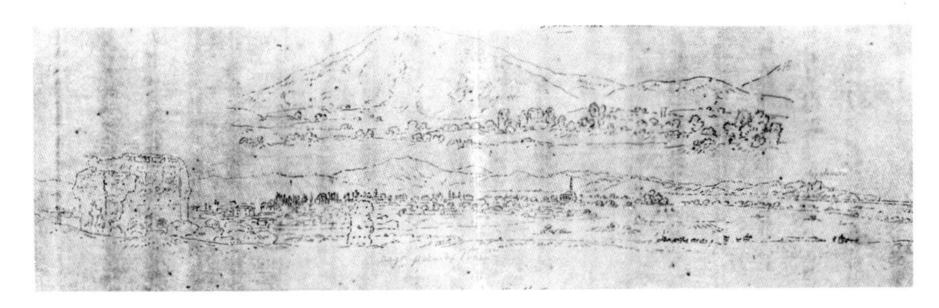

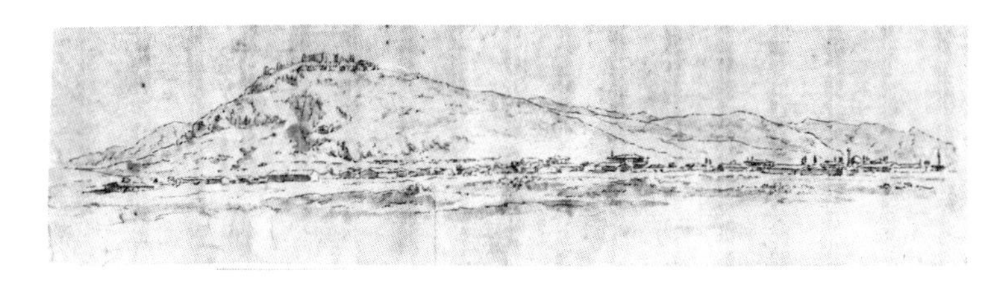

**5**. — L. F. Cassas, α. *Ερείπια του Άργους από τα δυτικά.*
β. *Άργος, άποψη από τα ανατολικά.*

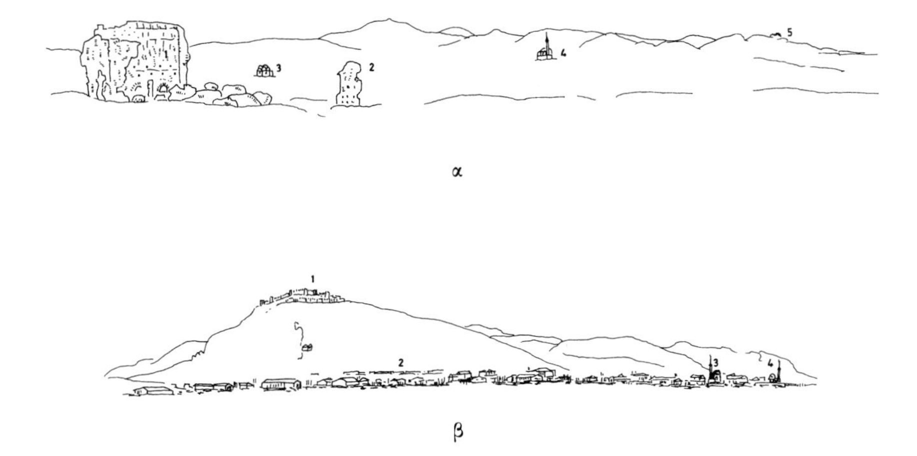


α

β

Επεξηγηματικό σκαρίφημα του αρ. **5**.

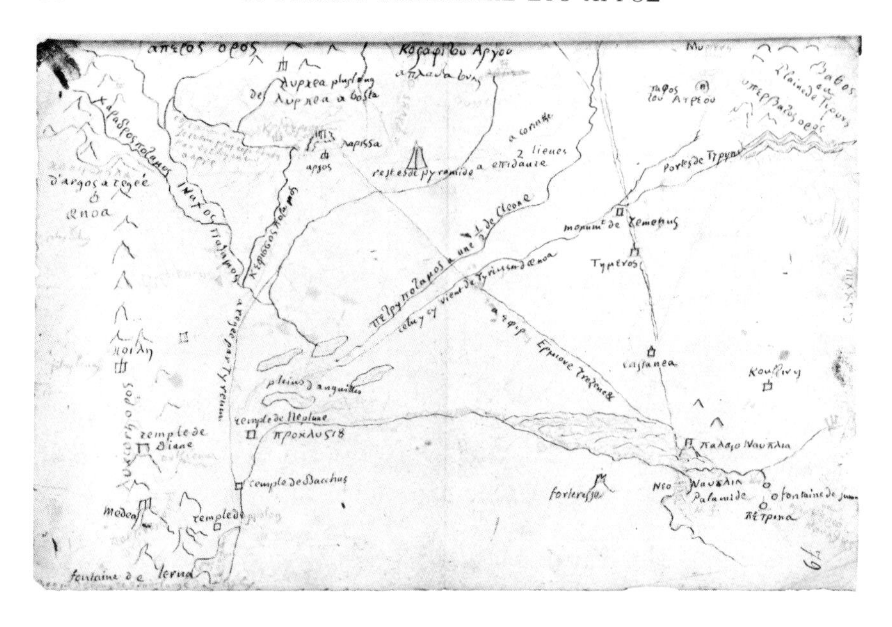


6. — M. Fourmont, *[Χάρτης της πεδιάδας του Ἄργους]*.

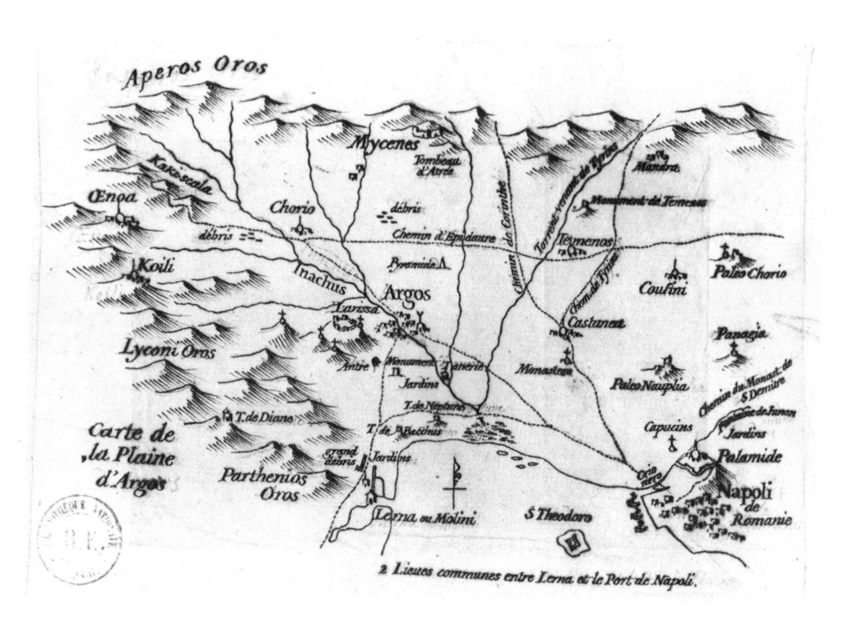


7. — J.-B. Bourguignon d'Anville, *Χάρτης της πεδιάδας του Ἄργους.*

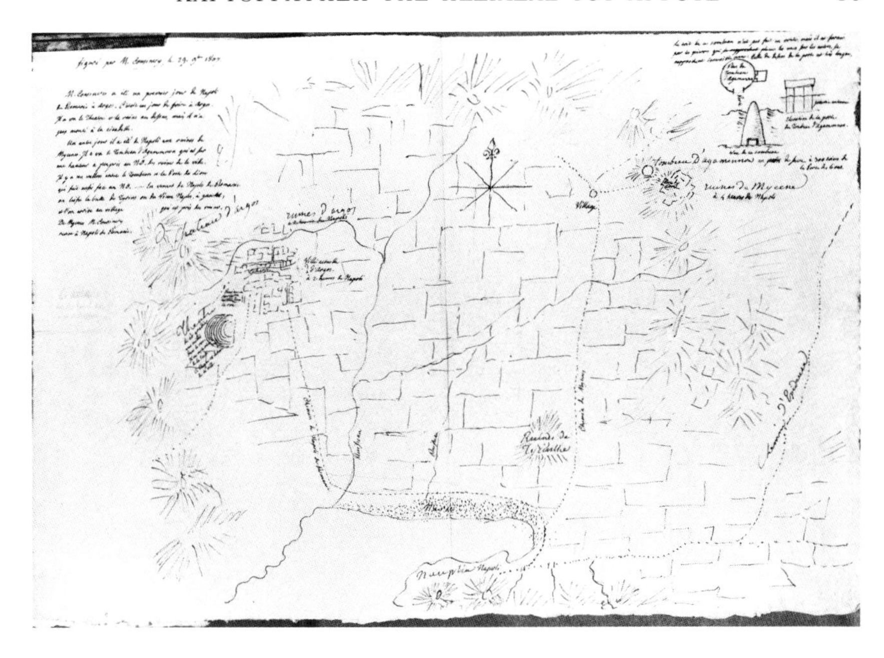

**8**. — J.-D. Barbié du Bocage, *[Αργολίδα]*.

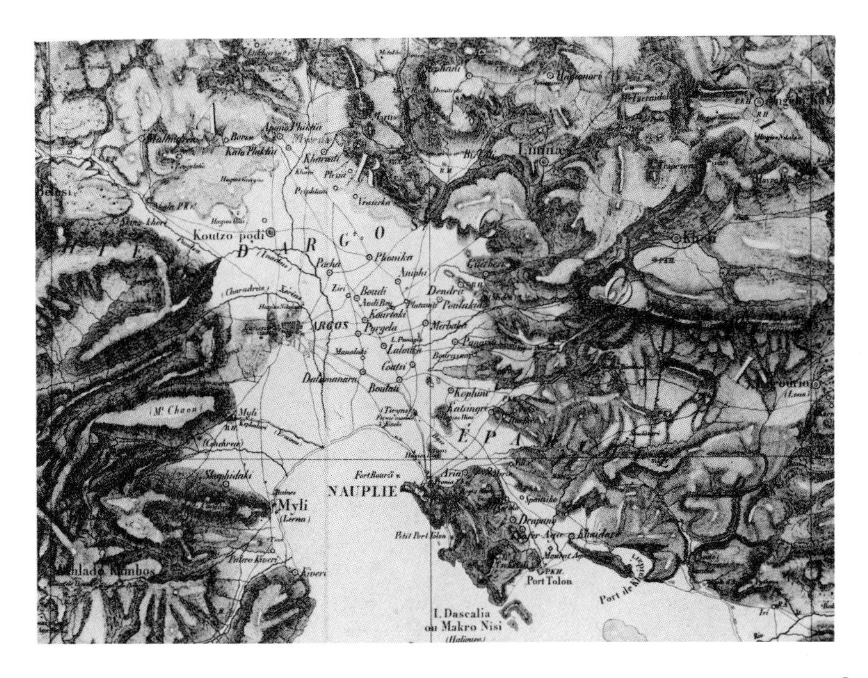


**9**. — *[Χάρτης της πεδίαδας του Άργους, από τις εργασίες της Αποστολής του Μορέως]*.

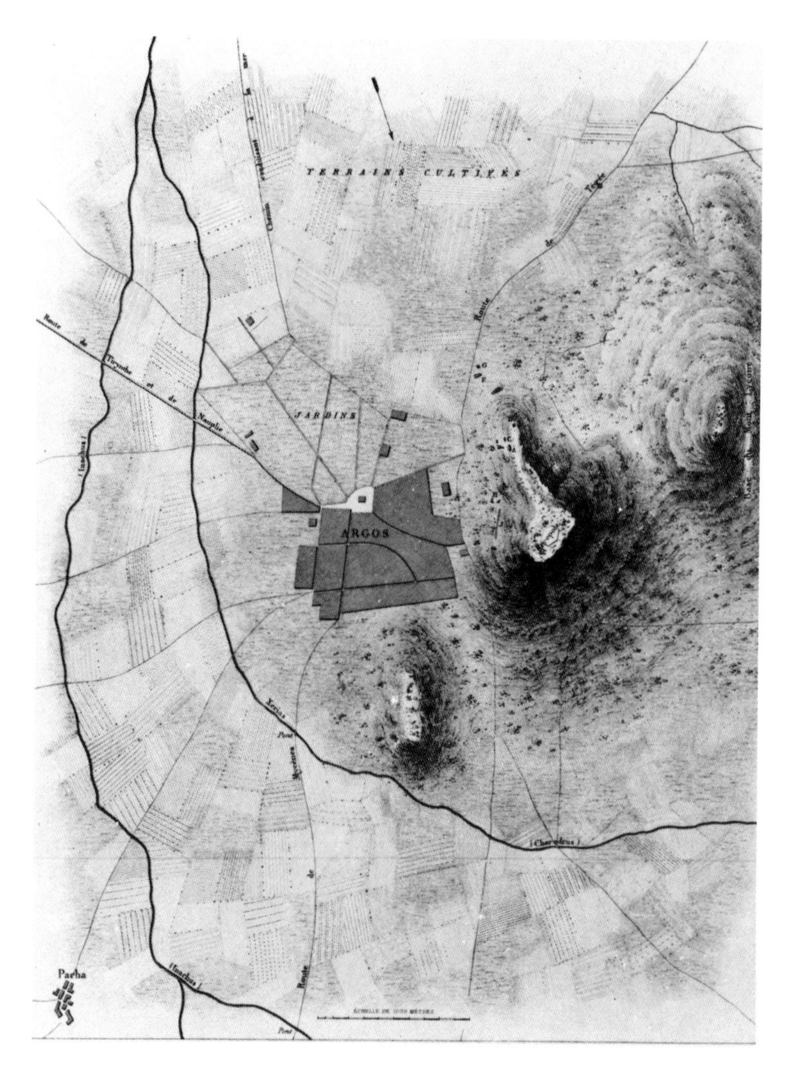


**10**. — A. Blouet, *Τοπογραφικό σχέδιο του Άργους.*

**11**. — A. Blouet, *Άργος*.

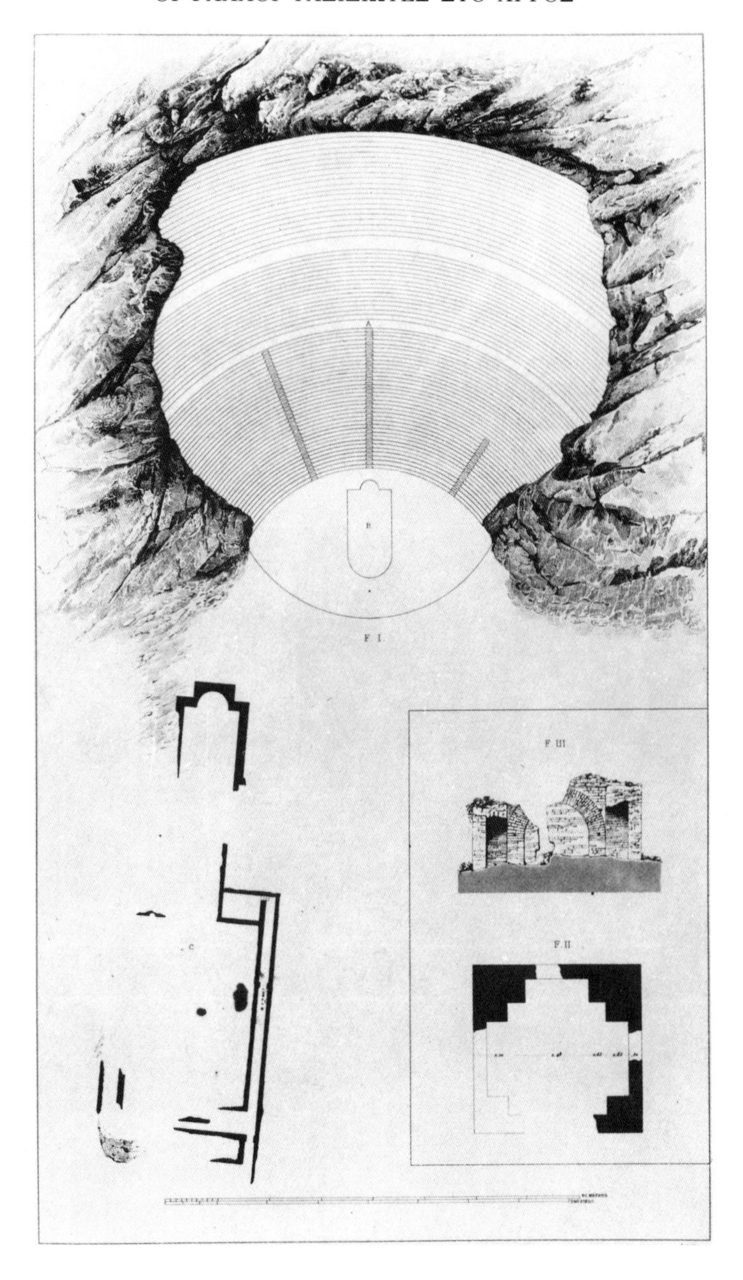

**12**. — A. Ravoisié, *Ἄργος*.

13. — A. Ravoisié *και* A. Poirot, *Ἄργος*.

**14**. — A. Blouet, *Άργος*.

**15**. — J.-A. Buchon, *Κάστρο των Φράγκων βαρώνων του Άργους από τον οίκο των Enghien.*

**16**. — É. Rey, *Θέατρο Ἄργους· εδώλια λαξευμένα στο βράχο.*

Επεξηγηματικό σκαρίφημα του αρ. **16**.

**17**. — Th. Du Moncel, *Αρχαιότητες του Άργους*.

Επεξηγηματικό σκαρίφημα του αρ. **17**.

**18**. — D. Papety, *Άργος, ακρόπολη της Λάρισας*.

**19.** — H. Belle, *Άποψη του Άργους και του φράγκικου κάστρου της Λάρισας.*

**20.** — H. Avelot, *Άργος.*

**21**. — H. Cambournac, *Ἄργος*.

## ΚΑΤΑΛΟΓΟΣ ΕΙΚΟΝΩΝ

**17.** Th. Du Moncel, *Αρχαιότητες του Άργους.*
Επεξηγηματικό σκαρίφημα του αρ. **17**.

**18.** D. Papety, *Άργος, ακρόπολη της Λάρισας.*

**19.** H. Belle, *Άποψη του Άργους και του φράγκικου κάστρου της Λάρισας.*

**20.** H. Avelot, *Άργος.*

**21.** H. Cambournac, *Άργος.*

## ΠΕΡΙΕΧΟΜΕΝΑ

LAVAUZELLE GRAPHIC
IMPRIMERIE A. BONTEMPS
87350 PANAZOL (FRANCE)
Dépôt légal : Décembre 1993
N° imprimeur : 2505-93